改訂版

身近な人が亡くなった後の手続のすべて

司法書士　児島 明日美

税理士　福田 真弓

社会保険労務士　酒井 明日子

著

自由国民社

はじめに

　皆さんは、身近な人が亡くなられた後、どこへ行き、どのような手続や届出を行えばよいか、ご存じですか？

　慌ただしく葬儀や法要などの手配や準備を行うのと併せて、残された方々は**様々な手続や届出**を行わなければならないことになります。

　中には期限が定められている手続もありますし、「期限が定められていることを知らなかった」という理由では許されないものもあります。

　ほとんどの方が当事者になる可能性のあるこれらの手続や届出。しかし、あまり積極的に考えたくない、後回しにしたい内容であることなどから、いざというときになってはじめて、その種類の多さ、煩雑さに頭を悩ませ、途方に暮れる…ということになってしまいます。

　葬儀や法要のこと、保険や年金のこと、相続手続のこと、預貯金の解約のこと、相続税のことを1冊に、という思いで私たちがまとめたこの本は、初版発売以来たくさんの方々に手にとっていただき、同時に、当初の想定以上に多くの反響をいただきました。

　今般、**相続登記の義務化**などの**法改正情報**を盛り込むとともに、「わかりやすく」という観点で改めて内容を整理し、補完しました。

　一人でも多くの方にこの本をいちばん身近な参考書としてご活用いただければ幸いです。

司法書士　児島明日美

税理士　福田　真弓

社会保険労務士　酒井明日子

身近な人が亡くなった後の手続のすべて

目　次

第1章 大切な方が亡くなった直後に行う手続

死亡直後の手続について確認しましょう

第5章　相続・名義変更の手続を行いましょう
相続・名義変更の手続

相続税の基本について学びましょう

第6章 相続税の基本的手続

巻頭グラフ

目で見てイメージ
身近な方の死後のこと

　身近な方が亡くなると、その家族や親族は様々な手続に追われることになります。

　ある程度の全体像を把握しておかないと、何をすべきか、また、何から手をつけてよいかわからず、悩むことになってしまいます。

　まずは手続の概要や一般的な流れ、最新情報をこの巻頭グラフで確認しましょう。

身近な人が亡くなった後の手続・届出の一般的な流れ

生前 | 相続開始

生前贈与・遺言・エンディングノート ★ ★
第7章

身近な人（被相続人）の死亡

葬儀・法要 ▶第1章

連絡・調整
P36〜41

告別式 通夜・葬儀・
P36〜41

初七日

四十九日

届出・手続 ▶第1〜5章

死亡届
P30〜35

健康保険・介護保険 世帯主変更
P44〜49

年金関係の手続
P78〜102

公共料金等の手続
P56〜59

★遺言調査（捜索）・遺言書の検認
P110〜113

★相続人（戸籍）調査
P116〜120

★**相続税** ▶第6章
（**所得税** ▶第2章）

14

★は近年、法改正のあった分野です。

確認
しましょう

| 3か月以内 | 4か月以内 | | 10か月以内 | 1年以内 |

納骨

一周忌

★
相続財産（遺産）調査
P127〜130

相続放棄・限定承認
P131〜139

遺産分割協議

★
払戻し・解約・名義変更
P156〜181

★
遺留分侵害額請求
P114〜115

所得税準確定申告
P60〜63

相続税申告
P140〜151

★
相続税申告
P184〜230

身近な人が亡くなった後の手続・届出チェックリスト

身近な人が亡くなった後に行う代表的な手続・届出を、①**直後に行うこと**、②**落ち着いたら行うこと**、③**必要に応じて行うこと**、の3種類に分け、チェックリスト形式でまとめました。

①**直後に行うこと**●**第1章**

- □ 死亡診断書・死体検案書の受け取り
- □ 死亡届・火葬許可申請書の提出（7日以内）
- □ 世帯主変更の手続（14日以内）
- □ 健康保険の諸手続（国民健康保険14日以内）
- □ 介護保険の諸手続（14日以内）
- □ 年金受給停止の手続（厚生年金10日以内 第3章 ）

②**落ち着いたら行うこと**●**第2章・第4章**

- □ 戸籍証明書の取得（相続人の調査）
- □ 住民票の写し・印鑑証明書の取得
- □ 公共料金などの支払方法変更・停止
- □ 電話やインターネットなどの支払方法変更・停止
- □ 免許証やカードなどの返却手続
- □ 電子マネー・サブスク・SNSアカウントの手続
- □ 葬祭費・埋葬料の支給申請（2年以内）

③**必要に応じて行うこと**●**第1〜6章**
（役所関係●**第1章、第2章**）

- □ 高額療養費の請求申請
- □ 高額介護サービス費の請求申請
- □ 復氏届
- □ 姻族関係終了届
- □ 改葬許可申請

③必要に応じて行うことの続き

（年金関係●第3章）

- □ 年金の受給停止(厚生年金10日以内)・未支給の年金の請求手続
- □ 遺族年金の受給手続
- □ 寡婦年金の受給手続
- □ 死亡一時金の受給手続
- □ 児童扶養手当の受給手続

（相続手続関係●第4章・第5章）

- □ 相続放棄（3か月以内）
- □ 限定承認（3か月以内）
- □ 遺言書の捜索
- □ 遺言書の検認申立
- □ 特別代理人・不在者財産管理人・成年後見人選任申立
- □ 遺産分割協議（調停）
- □ 預貯金の相続手続
- □ 株式など有価証券の相続手続
- □ 生命保険の保険金受取手続
- □ 自動車の相続手続
- □ 不動産の相続手続（3年以内）
- □ ゴルフ場・リゾート会員権などの相続手続
- □ 遺留分侵害額請求（1年以内）

（税金関係●第2章、第6章）

- □ 青色申告承認申請（4か月以内）
- □ 所得税の準確定申告（4か月以内）
- □ 相続税の申告（10か月以内）

身近な人が亡くなった後の手続・届出に関する法改正

　社会情勢や経済情勢の変化に対応するために法律が見直されることがあります。相続関係の最近の法改正を確認しておきましょう。

相続登記の申請義務化　　　　　【令和6年4月1日から】

　相続によって不動産を取得した相続人は、相続により不動産を取得したことを知った日から3年以内に相続登記を申請しなければならないなど、**相続登記が義務化**されました。既に相続した土地建物で相続登記を行っていない場合も対象になるため、そのような不動産がある場合は、すみやかに対応しなければなりません。正当な理由なく相続登記の申請を怠った場合は、10万円以下の過料が科されることがあります。

> 相続登記　P168　　相続登記の義務化　P174

相続人申告登記制度の創設　　　　【令和6年4月1日から】

　相続登記の申請が義務化されましたが、早急に遺産分割を行うことが難しい場合も考えられます。このような場合には、ひとまず戸籍などを管轄の法務局に提出し、相続人を申告することで義務を果たしたものとされる、**相続人申告登記制度**が創設されました。

　この制度を利用することで相続登記の申請をしなくても過料の対象からは外れるのですが、あくまで**暫定的な申告に過ぎない**ため、遺産分割が完了したら改めて相続登記を申請する必要があります。

> 相続人申告登記制度　P176

生前贈与加算の年数の延長　【令和6年1月1日以後の贈与から】

　一定の**暦年課税の贈与**は、相続財産に加算し相続税を計算する必要がありますが、この年数が相続開始前の3年間から7年間に延長されまし

た。ただし、少額の贈与を長期間管理しなくて済むよう、延長された4年分、相続開始前4〜7年間の贈与からは総額100万円までを差し引けます。この加算期間は徐々に延長され、最大の7年になるのは令和13年の相続からです。加算対象者は相続で財産を取得した人なので、遺言で財産を取得した受遺者や死亡保険金だけを受け取った人も加算の対象になります。一方、財産を相続しなかった相続人や孫への贈与は加算の対象になりません。

暦年課税制度　P241

相続時精算課税贈与に基礎控除が新設【令和6年1月1日の贈与から】

相続時精算課税の贈与に年110万円の基礎控除が新設されました。暦年課税の基礎控除年110万円や相続時精算課税の特別控除額2,500万円とは別枠です。これにより、今までは相続時精算課税を選択すると、その後は少額の贈与でも贈与税の申告が必要でしたが、年110万円までの贈与は申告がいらなくなりました。また、暦年課税での贈与と違い、年110万円以下なら生前贈与加算の対象にならないメリットもあります。ただし、年110万円はもらう人1人あたりなので、同じ年に複数の親や祖父母から相続時精算課税で贈与を受けた場合は、110万円を各人からの贈与額に応じてあん分します。

相続時精算課税制度　P242

相続土地国庫帰属制度の創設　　　【令和5年4月27日から】

相続して引き継いでも管理や処分に困ってしまう土地について、一定の要件を満たせば土地を手放して国庫に帰属させることができる、**相続**

土地国庫帰属制度が創設されました。土地上に建物がないことや境界が明らかになっていることなどが要件で、また、実質的に管理などをするにあたり、過分な費用や労力を要する土地にあたると判断されてしまうと不承認

とされてしまうなど、容易に手放せるわけではありません。ただ、実際に開始から令和6年1月末までに100件以上の土地が国庫帰属されたと公表されましたので、要件を満たすことができる場合は積極的に検討してみてもよいでしょう。

相続土地国庫帰属制度 P133

各種手続の押印廃止 　　　　　　　　　　【令和2年11月から順次】

　行政手続における押印の見直しにより、押印が必要とされていた手続の9割以上で押印が不要とされました。ただし、相続手続の関係では、遺産分割協議書への押印や金融機関の手続、法務局での手続など、実印の押印と印鑑証明書の提出が求められるものも残っています。遺言がなく、印鑑登録を行っていない相続人がいる場合は、印鑑登録を行い、印鑑証明書も取得しておくとよいでしょう。

印鑑証明書 P51

配偶者居住権の創設 　　　　　　　　　　【令和2年4月1日から】

　配偶者が、相続開始時に、亡くなった方が所有する建物に居住していた場合、その配偶者は遺産分割（遺贈も可）によって**配偶者居住権**を取得することにより、終身または一定期間、その建物に無償で居住することができるようになります。配偶者の生活保障を図るとともに、遺産分割の方法も選択肢が増え、柔軟に分割できるようになります。

配偶者居住権 P142

預貯金の払戻し制度の創設 　　　　　　　【令和元年7月1日から】

　預貯金が遺産分割の対象となる場合に、各相続人は遺産分割終了前でも一定の範囲で預貯金の払戻しを受けることができるようになりました。

預貯金の払戻し制度 P52

遺留分制度の見直し　　　　　　【令和元年７月１日から】

　法律で認められた、特定の相続人が最低限相続できる権利である**遺留分**を侵害された者は、遺贈や贈与を受けた者に対して、**遺留分侵害額に相当する金銭の支払い**（改正前は現物の返還が原則でした）を請求することができるようになりました。

> 遺留分　P114

特別の寄与の制度の創設　　　　【令和元年７月１日から】

　相続人以外の亡くなった方の親族が、無償で亡くなった方の療養看護等を行った場合、（その親族が）相続人に対して金銭の支払いを請求することができるようになりました。

遺言や贈与についての法改正も確認しておきましょう。

自筆証書遺言の作成方式の緩和　【平成31年１月13日から】

　全文を自書することになっていた**自筆証書遺言書の作成方式が緩和**され、財産目録について、パソコンで作成したものや、通帳のコピーの添付でもよいことになりました。

> 自筆証書遺言　P232

自筆証書遺言書保管制度の創設　【令和２年７月10日から】

　遺言書保管所(法務局)で**自筆証書遺言書を保管する制度が創設**されました。この制度を利用した自筆証書遺言書は、**検認が不要となり**、相続人の負担を軽減することができます。

> 自筆証書遺言書保管制度　P236

夫婦間の自宅贈与等の優遇　　　【令和元年７月１日から】

　婚姻期間20年以上の夫婦間で居住用の不動産が遺贈または贈与された場合、原則として遺贈または贈与されたものを遺産分割の際に持ち戻して計算する必要がなくなりました。

> 夫婦間の自宅贈与等の優遇　P242

相続手続の第一歩として、相続人が誰になるのか確認しましょう。

相続財産を引き継ぐ相続人の範囲は、法律で決まっています。

相続人の順位と範囲

主な基本ルール

①配偶者は常に相続人になる。

②前の順位の相続人がいる場合、後の順位の者は相続人にはならない。

③実子や実親と同様に、**養子や養親も相続人になる**。

④子や兄弟姉妹が先に亡くなっていて、その子や兄弟姉妹に子がいる場合、その子が代襲して相続人になる。

⑤家庭裁判所で相続放棄をすると、**相続放棄をした者は相続人にならなかったものとみなされる**。

「相続人」と「相続分」の具体例

相続人の特定 P106

事例1　配偶者と子

　配偶者の法定相続分は2分の1。子は残りの2分の1を等分します。養子も実子と同じ相続分です。離婚した配偶者との子や非嫡出子も実子として相続人となります。子が先に死亡している場合は、その子が代わりに相続します。

事例1

故人　被相続人　配偶者　1/2

実子　実子　養子

子全員で1/2を等分

事例2　配偶者と父母

　子がおらず父母が生きている場合、配偶者の法定相続分は3分の2。父母が残りの3分の1を等分します。子が全員相続放棄したときも同様です。

事例2

父　母　父母で1/3を等分

故人　被相続人　配偶者　2/3

事例3　配偶者と兄弟姉妹

　子がおらず父母も亡くなっている場合、配偶者の法定相続分は4分の3。兄弟姉妹が4分の1を等分します。兄弟姉妹が先に死亡している場合、その子が代わりに相続します。子や父母が全員相続放棄したときも同様です。

事例3

故人　故人　父　母

配偶者　被相続人　兄弟姉妹　兄弟姉妹
3/4　故人

兄弟姉妹で1/4を等分

事例4　配偶者がいない場合

　配偶者がいないときも、上記順位に従い、①子→②父母→③兄弟姉妹の順番で相続人となります。

事例4

②配偶者と子がいない場合、父母が遺産を等分

父　母

故人または離婚　故人

配偶者　被相続人　兄弟姉妹　兄弟姉妹

③配偶者、子、父母がいない場合、兄弟姉妹が遺産を等分

子　子

①配偶者がいない場合、子が遺産を等分

確認
しましょう

▶亡くなった直後には何をする必要がありますか？

詳しくは
第1〜2章

ポイント 優先順位をつけ、整理して対応しましょう。

　大切な方が亡くなられると、通夜や葬儀・告別式の手配以外にも、役所関係の手続・届出を行う必要が生じます。

　落ち着かない状況の中で、あれもこれも…と考えてしまうと大変なので、すみやかに行わなければならないことや、少し落ち着いてから行えばよいことを区別し、優先順位をつけて順番に対応していくとよいでしょう。「おくやみ窓口」を設置する自治体も増え、役所での手続も少しずつ整理されています。

市民課

▶遺族年金の手続はどうしたらよいですか？

詳しくは
第3章

ポイント 該当する手続を確認し、請求を忘れずに。

　年金は自動的に振り込まれるものではなく、必ず請求の手続を行わなければなりません。亡くなった方が加入していた年金の種類や保険料を納めていた期間、そして残された遺族の状況など、要件によってもらえる年金の種類も額も違ってきます。

　また、年金の種類によって手続書類の提出場所や添付書類も異なってきますので、該当する手続をしっかり確認しましょう。

遺族年金

▶相続手続とは、どのようなものですか？

詳しくは
第4〜5章

> **ポイント** 遺言がないと、原則として相続人全員の協力が必要。

　相続の発生に伴い、亡くなられた方の財産等について行わなければならない手続を、この本では**相続手続**といいます。

　亡くなられた方が遺言書を残している場合は、原則として遺言の内容に従います。遺言がない場合は、相続人全員で遺産分割協議を行い、その分け方を決め、決まった内容に従って、名義変更等の手続を行います。遺言がない場合は、原則として相続人全員がそれぞれの相続についての手続に関与する必要があるのです。

▶相続税のことが心配なのですが…。

詳しくは
第6章

> **ポイント** 基礎控除額と様々な特例を確認しましょう。

　相続税には**基礎控除額**と呼ばれる非課税枠があり、亡くなった方の財産が一定額以下なら相続税はかかりません。例えば、4人家族でご主人が亡くなり、財産額が4,800万円を超えていると、相続税の申告と納税が必要になる可能性があります。

　ただし、相続税には**様々な特例**があり、この枠より多くの財産があったとしても、相続税を納めなくてよいことも。税務署や税理士に尋ねる前に、基本的な内容を確認しておきましょう。

▶独身や子どもがいない夫婦でも生前対策は必要ですか？

詳しくは
第7章

ポイント 子どもがいない方こそ、準備が必要です。

子どもがいない場合は、両親や兄弟姉妹が相続の権利を持つことになります。子どもに比べると関係性が薄くなりがちなので、亡くなった後に遺産の全容がつかめず苦労することも多いです。

子どもがいないご夫婦の場合、配偶者が義理の両親や兄弟姉妹と相続の手続を進めなければならなくなります。

遺言を作成したり、エンディングノートなどを活用していただくと、残されたご家族のご負担を大きく軽減することができます。

▶生前対策としてできることはありますか？

詳しくは
第7章

ポイント 小さなことから少しずつはじめてみましょう。

遺言やエンディングノート、生命保険の活用や生前贈与、相続税の試算など、あらかじめできる準備はいくつかあります。

法律や税金の専門知識が必要になることも多いため、専門家に相談しながら進めていくのが望ましいです。

でも、生前対策はそれだけではありません。身の回りのものを片付けたり、不要なものを処分したり、使っていない銀行口座を解約したり、というのも立派な生前対策です。少しずつでも、できることから始めてみましょう。

第1章

大切な方が亡くなった
直後に行う手続

　家族など身近な方が亡くなると、まわりの方々は悲しみに包まれます。

　しかし、そのような中でもすみやかに行わなければならない手続・届出があります。

　大切な方が亡くなった直後に、最低限行わなければならないことについて、葬儀・法要のスケジュールと併せて、この章で確認しておきましょう。

亡くなった直後の手続を確認しましょう

葬儀法要：連絡・調整　→　通夜・葬儀・告別式　→　初七日　→　納骨　→　一周忌

届出手続：死亡届等　→　健康保険・介護保険関係　→　世帯主変更　→　年金関係　→　公共料金等変更・解約　→　遺言・相続関係調査　→　相続放棄・限定承認　→　遺産分割協議　→　名義変更

所得税相続税：準確定申告　→　相続税申告

大切な方が亡くなった直後の手続・届出とは？

　大切な方が亡くなった直後の手続・届出は、ほとんどすべての方が共通して行わなければならないものです。

　通夜や葬儀・告別式などを行う場合は、それらの準備や手配、親族や関係者への連絡等をメインに考えることになりますが、関連して行うべき届出・手続についても併せて確認しておく必要があります。

チェック	確認すること・行うこと	手続の期限	リンク
	死亡診断書・死体検案書の手配	すみやかに	P30
	死亡届の提出	7日以内	P32
	火葬許可申請書の提出	死亡届の提出と同時	P34
	通夜・葬儀・納骨	すみやかに	P36
	世帯主変更届の提出	14日以内	P44
	健康保険証の返却・資格喪失届の提出	14日以内（国民健康保険の場合）	P46
	介護保険証の返却・資格喪失届の提出	14日以内	P48
	年金受給停止の手続	すみやかに	P82

大切な方が亡くなられた直後の手続・届出のポイント

　手続・届出の中には期限が定められているものがあります。それらについても、葬儀などの手配や準備で慌ただしい中で行うことになります。慌てる必要のない手続はひとまず置いておいて、最低限必要なものだけ確認しましょう。

P14〜17、各章のガイダンスページ

■ 葬儀・法要の一般的なスケジュール

臨　終

↓

（近親者への連絡）

↓

遺体の搬送

↓

葬儀等の打ち合わせ

↓

（関係者への連絡）

↓

通　夜

↓

葬儀・告別式

↓

出棺・火葬

↓

初七日

↓

納　骨　四十九日、一周忌、三回忌…

これらの手配や準備と並行して、死亡届、火葬許可申請書の提出など、各種手続・届出を行うことになります。

29

01 死亡診断書・死体検案書を手配しましょう

大切な方が亡くなられたときは、まず、死亡診断書・死体検案書を手配します。

すみやかに

　大切な方が病院や自宅で亡くなられたときは、臨終に立ち会った医師や、死亡を確認した医師から**死亡診断書**を交付してもらいます。診療にかかっていた病気以外の理由により亡くなられたときは、**死体検案書**を交付してもらいます。不慮の事故などにより亡くなられたときは、警察に連絡し、医師（監察医）から**死体検案書**を交付してもらいます。

特殊な死亡の場合　P35

　通常、死亡診断書・死体検案書は亡くなったことが判明した日の当日または翌日に交付してもらいます。以後の手続において提出を求められることがありますので、**コピーを何枚か取っておくとよいでしょう。**

死亡診断書・死体検案書の様式

　死亡診断書・死体検案書の様式は、市区町村役場の窓口で入手できます。死亡届と同じ用紙（Ａ３サイズ横置き）に載っており、左半分が死亡届、右半分が死亡診断書・死体検案書という体裁になっています。

死亡届の書き方　P33

左半分が
死亡届

右半分が
死亡診断書
（死体検案書）

死亡診断書・死体検案書のサンプル

ポイントメモ **葬儀社の方は葬儀前後の手続のプロ** ‥‥‥‥‥

一般的には、葬儀社の方が遺族の皆様の使者として死亡届および火葬許可申請書の提出をしてくれることが多いようです。　死亡届　P32

葬儀社の方は葬儀前後の手続のプロでもあります。当初の手続についてわからないことは葬儀社の方に確認してみるといいでしょう。

葬儀社の選び方　P40

02 死亡届の提出をしましょう

死亡届の提出は、死亡診断書（死体検案書）を
手配してから行います。　　　　　　　　　7日以内

死亡診断書または死体検案書の手配ができたら、市区町村役場に死亡
届を提出します。　死亡診断書・死体検案書　P30　　年金受給権者死亡届　P84

死亡届の提出

提出先は、①亡くなった方の死亡地、②亡くなった方の本籍地、③届
出をする方の所在地いずれかの市区町村役場です。

死亡届は、親族、同居者、家主、地主、後見人などが、亡くなった事
実を知った日から7日以内（国外で亡くなったときは、その事実を知っ
た日から3か月以内）に行わなければならないとされています。

世帯主が変わるとき　P44

■ 死亡届の提出前後の流れ

死亡診断書
死体検案書
の手配
→
死亡届
火葬許可申請書
の提出
→
死亡届記載
事項証明の発行
火葬許可証の発行

■ 死亡届の提出方法

提出先	故人の死亡地、本籍地等の市区町村役場窓口
提出できる人	親族、同居者、家主、地主、後見人など
必要なもの	死亡診断書または死体検案書、印鑑（押印する場合）
手数料	手数料はかかりません
留意点	火葬許可申請書　P34　と同時に提出しましょう

■ 死亡届の書き方

ポイントメモ 「おくやみ窓口・おくやみコーナー」の増加……

　亡くなった直後に市区町村役場で行わなければならないことがいくつかありますが、それらを1つの窓口で完結させられる「おくやみ窓口」を設置する自治体が増えてきました。設置している自治体の場合は、はじめにおくやみ窓口を訪れるとよいでしょう。

⓿③ 火葬許可申請書の提出をしましょう

死亡届と同時に、火葬許可申請書を市区町村役場に提出します。 | 7日以内

埋葬・火葬を行うためには、原則として死亡届と同時に、火葬許可申請書を市区町村役場に提出する必要があります。

火葬許可申請書の提出

火葬許可申請書は、通常、死亡届と同時に提出します。市区町村役場での処理が終わると火葬許可証が交付されます。

なお、火葬は、原則として死後24時間を経過した後でなければ行うことができません。また、多くの火葬場は友引がお休みとなっているので、日程調整をするにあたり考慮に入れておきましょう。火葬が行われると、火葬場から埋葬許可証が交付されます。

葬儀・告別式 P36

■ 埋葬までの一般的な流れ

市区町村役場に火葬許可申請 → 火葬許可証の交付 → 火葬場に火葬許可証の提出 → 埋葬許可証の交付 → 墓地に埋葬許可証の提出

■ 火葬許可申請書の提出方法

提出先	死亡届を提出する市区町村役場窓口　　死亡届 P32
提出できる人	死亡届を提出する人など
必要なもの	死亡届、印鑑（押印する場合）※、申請書（窓口で入手します）
手数料	申請時に所定の火葬料を支払う場合あり
留意点	死亡届と同時に提出しましょう

※押印は任意ですが、念のため印鑑を持参すると安心です。

■ 火葬許可申請書の書き方

死体火葬許可申請書

（火葬場使用許可申請書）

> 亡くなった方の氏名、生年月日、住所、本籍などを順番に記入します。

死亡者の本籍	東京都豊島区目白六丁目31番
死亡者の住所	東京都豊島区目白六丁目31番17号
死亡者の氏名	冬平　勇
性　　別	男
生 年 月 日	昭和13年3月15日
死　　因	1　一類感染症等　　②　その他
死亡年月日時	令和6年7月23日午前9時10分
死亡の場所	東京都豊島区目白六丁目12番18号
火葬の場所	目白斎場
火葬実施日時	令和6年7月26日午前11時30分
使用区分	使用料　59,600 円
申請者住所、氏名及び死亡者との続柄	東京都練馬区旭丘三丁目7番20号 冬平　浩一　㊞　続柄　長男

令和6年　7 月　23 日

豊島区長

> 届出を行う者の住所、氏名などを記入し、必要に応じて押印します。

> 埋葬許可申請書が、火葬許可申請書と一体となっているもの、火葬場使用許可申請書を兼ねているものなど、市区町村により様式が異なります。申請する市区町村役場の窓口で確認しましょう。

コラム　● 特殊な死亡の場合の届出

　海外で亡くなった場合は、原則として、現地の医師に死亡診断書を書いてもらい、大使館や領事館に死亡届を提出します。

　死産の場合は、医師または助産師に死産証書を書いてもらい、市区町村役場に死産届を提出します。妊娠12週以降の流産も同様です。

04 葬儀・納骨の手配をしましょう

通夜や葬儀、納骨など、日本で主流な仏式の大まかな流れをここで確認しておきましょう。

すみやかに

　大切な方が亡くなられたその瞬間から、限られた時間の中で葬儀や法要の手配を進める必要があります。コロナ禍を経て変化してきた部分もありますが、大まかな流れをあらかじめ把握しておくと安心です。

葬儀・法要の基本　Q&A

（1）葬儀・法要の方法は？

　葬儀・法要の方法は、それぞれの宗教（仏式、神式、キリスト教式など）によって異なります。また、ひとくちに仏式といっても宗派による違いもありますので注意しましょう。この本では一般的な仏式の方法について説明しています。

（2）喪主とは？

　遺族を代表して葬儀を執り行う者のことを喪主といいます。葬儀の具体的な進行は葬儀社の方や世話役の方に任せ、事前の段取りなどについての意思決定、会葬者、弔問客や僧侶への挨拶、応対などを行います。

（3）誰にいつ連絡するの？

　危篤状態になったら、家族や血縁の濃い親族、親しい友人、関係者などに知らせましょう。亡くなった後の連絡のタイミングや連絡する範囲については、家族・親族と相談しながら決めるとよいでしょう。

エンディングノート　P239

（4）法要のスケジュール

　一般的な仏式の法要は、初七日、四十九日、一周忌、三回忌（満2年）、七回忌（満6年）…という流れで行うことが多いです。地域や慣習、宗派などによっても異なります。家族・親族とも相談し、行う法要やそれぞれの規模、連絡する範囲などを決める必要があります。

| コラム | ● 葬儀にかかる費用 |

葬儀の費用は、依頼する葬儀社や葬儀の規模などによって金額が変わってきます。あらかじめ資料や見積書を気になる葬儀社から取り寄せ、比較するのが望ましいです。そのときになって慌てることのないよう、葬儀費用をどのように準備するかということは、なるべく具体的に考えておくとよいでしょう。 〔 預貯金の払戻し制度 P52 〕 〔 生命保険の活用 P247 〕

葬儀にかかる費用には次のようなものがあります。

①基本料金

斎場利用料、火葬場利用料、祭壇、棺、遺影、搬送費など、葬儀を行うためにかかる費用の一式です。

②飲食費

通夜ぶるまい、告別料理などの飲食にかかる費用です。

③返礼品

香典に対するお礼の品物にかかる費用です。

この他、お布施（寺院・教会・神社など宗教者への御礼）も考慮しておいたほうがいいでしょう。

■ 葬儀費用とお布施の平均額

総額	基本料金	飲食費	返礼品	お布施
110.7万円	67.8万円	20.1万円	22.8万円	22.4万円

株式会社鎌倉新書「第5回 お葬式に関する全国調査」（2022年）より

葬儀・法要の一般的な流れ

（1）臨終

　入院していた場合は、医師から死亡の事実が告げられます。自宅で危篤または死亡した場合は、かかりつけの医師に来てもらうか、救急車を呼びます。（特に持病がなく突然死、事故などの場合は、すみやかに警察に連絡します。）親族などにはこの時点で連絡することが一般的です。菩提寺がある場合は、なるべく早めに連絡しておくとよいでしょう。

（2）遺体の搬送

　病院で亡くなった場合は、霊安室に安置されます。病院からはすみやかな**搬送**が求められますので、**自宅など安置場所への搬送の手配**をしなければなりません。葬儀社に連絡し、搬送の手配をしましょう。

　なお、その後の葬儀などを依頼する葬儀社をその場で決められない場合は、ひとまず搬送のみを依頼するようにするとよいでしょう。

　一般的には、搬送までの間に**退院手続**（入院費用の精算など）を行い、医師に**死亡診断書**を作成してもらいます。

死亡診断書　P30　　葬儀社の選び方　P40

（3）葬儀等の打ち合わせ

　安置が済んだら葬儀社と通夜や葬儀・告別式についての具体的な打ち合わせを行います。喪主や世話役などを決め、日時や斎場、式の内容などを決めていきます。葬儀・告別式の概要が決まったら、勤務先や関係者、近隣の方などにも連絡します。

死亡届　P32

（4）通夜

　通夜とは、本来、親族など亡くなられた方と関係の深かった方のみが集まり、葬儀の前に一夜を通してお別れを惜しむ式のことでした。最近

では仮通夜と本通夜に分け、本来の通夜は**仮通夜**として行い、友人や知人などの弔問を**本通夜**で受けるという形式が増えています。

また、夜通しではなく1〜2時間程度で行う**半通夜**も増えています。

（5）葬儀・告別式

一般的に**葬儀**とは、亡くなった方を送る儀式のことで、**告別式**は、友人や知人なども含めた会葬者が亡くなられた方とのお別れをする式のことをいいます。ただし、宗旨・宗派によって違いがあります。また、それぞれの宗旨・宗派によって葬儀・告別式の方法も異なります。

葬儀・告別式を終えたら出棺し、火葬場で火葬されます。火葬の際には**火葬許可証**が必要になります。 火葬許可証　P34

火葬を終えたら骨上げ・拾骨を行い、火葬場から埋葬許可証を交付してもらいましょう。その後、遺骨迎え・精進落としを行います。

（6）納骨

仏式では、既にお墓がある場合には**四十九日**あたりで**納骨**を行うことが一般的です。納骨の時期について、特に期限があるわけではありませんが、遅くとも一周忌あたりまでに行うことが多いようです。

お墓がない場合は、お墓の購入も検討する必要があります。また、お墓を管理する親族などがいない場合は、お寺や霊園が永代にわたって供養と管理を行う**永代供養**という方法もあります。 改葬　P42

様々な形式・流れ

このような一般的な通夜、葬儀・告別式という形式以外にも家族葬、密葬など様々な形があります。最近では（故人の遺志等により）通夜や葬儀・告別式などを行わず、火葬のみを行う**直葬**という方法も増えてきています。

コラム ● 葬儀社の選び方

　様々な事情から多少前後することはありますが、通夜は一般的に亡くなった日の翌日に、葬儀・告別式は通夜の翌日（通夜の翌日が友引の場合はその翌日）に行うことが多いです。何も準備をしていない場合、大切な方が亡くなった直後から通夜や葬儀・告別式の手配に追われることになります。その中でもっとも重要なことの一つが**葬儀社の手配**です。

　準備をしていない場合は、限られた時間の中で判断することになりますので、後日**トラブルに発展**してしまうケースも少なくありません。

【**葬儀社との間のトラブルの例**】
- **NG** 強引な勧誘
- **NG** 不明瞭な請求
- **NG** 説明のない追加請求
- **NG** 高額請求
- **NG** 説明とサービスの違い（虚偽説明）

　このようなトラブルを防ぐには、資料や見積書を複数の葬儀社から取り寄せ、セットプランに含まれるものや含まれないもの（追加料金がかかるもの）などを比較するのがもっとも有効な方法です。そこまでできない場合でも、最低限、下記のような点に注意するとよいでしょう。

【**一般的な注意点**】
- ◎費用について**見積書**を提示し、細かい点まで説明してくれるか。
- ◎質問に対し、**親身**になって丁寧に答えてくれるか。
- ◎**強引**に契約を迫ってこないか。望まないオプションやサービスを強くすすめてこないか。
- ◎地元の方などの**評判**がよいか。
- ◎小規模な葬儀を希望しても**丁寧**に対応してくれるか。

病院には提携している葬儀社があることが多いですが、病院から紹介される葬儀社が必ずしもこれらの要件を満たしているとは限りません。

亡くなってからの準備はどうしても制限がありますので、どのような規模で葬儀を行ってほしいかなど、**生前に家族同士で確認しておいたり**、自らの死後についての希望などを書いた**エンディングノート**を残し合うという方法が非常に効果的です。

エンディングノート　P239

■ 一般的な葬儀以外の葬儀の種類

コロナ禍では家族葬が主流でしたが、葬儀の種類も多様化しています。

家族葬	親族や親しい友人などのみで行う葬儀。
一日葬	通夜を行わず告別式と火葬のみを行う。
直葬	火葬のみを行う。

※ほかに、社葬、自宅葬、密葬、生前葬、自然葬などがあります。

■ 代表的な葬儀社の種類

ひとくちに葬儀社といってもその種類は様々です。

葬儀専門業者	大小様々な業者が存在し、専門業者といってもサービスの質はそれぞれである。
冠婚葬祭互助会	生前に掛金を積み立て、葬儀費用に充てることができる。解約時には手数料がかかることが多い。互助会によりサービスが異なる。
JA （農業協同組合）	地域に根づいており、組合員でなくても利用できることが多い。JAによっては葬儀社の紹介や葬儀社への業務委託を行うところもある。
生協 （生活協同組合）	明朗な料金体系で、葬儀社と提携してサービスを提供する。基本的には組合員が対象。
異業種からの 参入業者	主にインターネットで情報を提供し、申込みなどを受け付ける。自社でサービスを提供しない紹介業者も多い。

41

05 お墓を移したい（改葬・墓じまいをしたい）とき

もともと存在するお墓を新しい場所に移す際の手続について確認しましょう。 | 必要に応じて

　故郷から遠く離れて生活しているなどの理由で、もともとあったお墓を別の新たな場所へ移すことを改葬といいます。改葬を行う場合は、新旧の墓地管理者との交渉や手続だけではなく、市区町村役場での手続も必要です。本来はそれほど急ぐ手続ではありませんが、一般的な流れをここで確認しておきましょう。

葬儀・法要　P36

（1）受入証明書（使用許可証）の交付

　改葬をしたい場合はまず新しい墓地を用意し、新しい墓地の管理者から受入証明書（墓地の使用許可証）を交付してもらいます。

（2）改葬許可申請書の準備

　次に現在のお墓がある市区町村役場で改葬許可申請書を受け取りましょう。その上で、現在のお墓の管理者の理解を得て、現在のお墓の管理者から埋蔵証明書に記名押印をもらいます。埋蔵証明書は改葬許可申請書と一体になっていることもあります。また、場合によっては（1）の前に（2）を行うこともあります。

（3）改葬許可書の交付

　埋蔵証明書に記名押印をもらったら、改葬許可申請書を現在の墓地のある市区町村役場に提出し、改葬許可書を交付してもらいましょう。

（4）改葬許可書の提出

　改葬許可書を新しい墓地の管理者に提出すれば手続は完了です。新しい墓地への納骨を行いましょう。

石塔の持ち込みを想定している場合は、持ち込みの可否について、新しい墓地の管理者に事前に確認しておきましょう。

■ 改葬許可申請書の書き方

亡くなった方の氏名、住所、本籍などを順番に記入します。

申請をする方の住所、氏名などを記入し、必要に応じて押印します。

改葬許可申請書　　第　　号

死亡者の本籍	東京都豊島区目白六丁目31番
死亡者の住所	東京都豊島区目白六丁目31番17号
死亡者の氏名	冬平 勇

死亡者の性別	☑男

死亡年月日	明治 大正 昭和 平成 (令和) 6 年 7 月 23 日
埋葬または火葬の場所	目白霊園　豊島区東長崎一丁目1番1号
埋葬または火葬の年月日	明治 大正 昭和 平成 (令和) 6 年 7 月 26 日
改葬の理由	新しい墓地を購入したため
改葬の場所	練馬墓地　練馬区豊玉西一丁目6番5号

申請者	住所	東京都練馬区旭丘三丁目7番20号	死亡者との続柄	長男
	氏名	冬平 浩一	墓地使用者との関係	本人

上記のとおり改葬許可を申請します。

豊島区長
　　　令和　年　月　日

申請者　冬平 浩一　㊞

申請者連絡先（電話）03-0000

改葬許可申請書は、埋蔵証明書や受入証明書と一体となっているものもあるなど、市区町村により様式が異なります。申請する市区町村役場窓口で確認しましょう。

現在埋葬場所管理者証明欄	改葬先管理者証明欄
上記のところに埋葬されていることを証明します。 令和　年　月　日 （管理者） 住　所　豊島区東長崎1-1-1 氏　名　目白霊園　[印] 電　話　03-3333-××××	上記申請者の改葬場所の使用及び遺入れについて支障のないことを証明し… 令和　年　月　日 （管理者） 住　所　練馬区豊玉西1-6- 氏　名　練馬墓地 電　話　03-5555-××××
	課長　　係長

 ポイントメモ **墓じまいと永代供養** ‥‥‥‥‥‥‥‥‥‥‥

　お墓から遺骨を取り出し、墓石を撤去して更地に戻すことを**墓じまい**と言いますが、**永代供養**してくれるお墓を手配し、そちらで管理・供養することを総称して墓じまいと呼ぶことも多いようです。墓じまいもお墓を移すときと同様、改葬許可申請などの手続が必要になります。高齢化の影響もあり、永代供養が望まれることも増えています。もともと管理・供養をお願いしていたお墓の管理者や親族との調整が必要な点も、改葬のときと同様です。各方面に配慮して円滑に進めていきたい手続です。

06 世帯主を変更したいとき

世帯主が亡くなった場合に必要な世帯主の変更や
住民票関係の手続について確認しましょう。 | 14日以内

　世帯主が亡くなり、残る世帯員が2人以上（配偶者以外の者が新たに世帯主になるなど）の場合は、亡くなった方が住んでいた市区町村役場の窓口に運転免許証などの本人確認書類と一緒に**世帯主変更届（住民異動届）**を提出し、住民票の世帯主を変更する必要があります。残る世帯員が1名の場合や、妻（母）と幼い子というように新しい世帯主が明白な場合、また、亡くなった方が世帯主ではなかった場合は届出の必要はありません。なお、亡くなった方は、死亡届の提出により戸籍に「死亡」の旨が記載され、住民票が消除されます。

■ 届出が必要なケース

世帯主となる者が明白でない

【死亡前】
世帯主：父
世帯員：子（兄）
世帯員：子（妹）

→

【父死亡後】
世帯主：兄
世帯員：妹

【死亡前】
世帯主：父
世帯員：母
世帯員：子（15歳以上）

→

【父死亡後】
世帯主：子（15歳以上）
世帯員：母

■ 届出が不要なケース

世帯主となる者が明白

【死亡前】
世帯主：夫
世帯員：妻

→

【夫死亡後】
世帯主：妻

世帯主変更届（住民異動届）の書き方

　亡くなった方が世帯主だった場合、通常、世帯主変更届（住民異動届）を死亡届の提出と一緒に行います。様式は転居や転入などの際に提出する住民異動届と同一の用紙であることが多いです。　死亡届　P32

世帯主変更届（住民異動届）の書き方

　世帯員を記入。

　「世帯主変更」を選択。

　新世帯主と旧世帯主を記入。

様式や記載内容は市区町村により異なります。

世帯主変更届（住民異動届）の提出方法

提出先	故人が住んでいた市区町村役場の窓口
届出人	新世帯主または同一世帯の方もしくは代理人
必要なもの	・届出書（窓口で入手します）　健康保険証　P46 ・国民健康保険被保険者証（加入者のみ） ・マイナンバーカードや運転免許証等の本人確認資料 ・委任状（代理人の場合）　など
留意点	完了後、住民票の写しを取得し、内容を確認しましょう。 住民票の写し　P51

健康保険の資格喪失の手続をしましょう

被保険者が亡くなった場合は、資格喪失の手続を
しましょう。

国民健康保険 14日以内
健康保険(会社員等) 5日以内

　健康保険の被保険者が亡くなった場合は、その翌日に被保険者の資格を失うため、健康保険被保険者証（健康保険証）も死亡した翌日から使えなくなります。資格喪失の手続をし、健康保険証等を返却しましょう。葬祭費等の請求を併せて行うとスムーズです。

葬祭費の請求　P64

国民健康保険または後期高齢者医療制度に加入していた場合

　亡くなった方が自営業者などであった場合は国民健康保険資格喪失届を、75歳以上（65〜74歳で障害のある方を含む）であった場合は後期高齢者医療資格喪失届を、世帯主等が提出し、併せて健康保険証等を返却します（死亡届を出せば手続不要という自治体もあります）。

■ 国民健康保険・後期高齢者医療の資格喪失届の提出方法

提出先	故人が住んでいた市区町村役場の窓口
提出書類	国民健康保険資格喪失届または後期高齢者医療資格喪失届 （窓口で入手します。ウェブサイトからのダウンロードにより入手できる自治体もあります。）
返却物	・国民健康保険被保険者証（世帯主死亡の場合は世帯全員分） ・国民健康保険高齢受給者証（対象者） ・後期高齢者医療被保険者証（対象者）
自治体や 状況により 必要なもの	・死亡を証明する書類（火葬許可証、死亡診断書等） ・マイナンバーがわかるもの（マイナンバーカード等） ・印鑑 後期高齢者医療の対象者は、 以下が必要になることがあります。 ・相続人の預金通帳 ・限度額適用・標準負担額減額認定証 ・特定疾病療養受療証　　　自治体や被保険者の状況により必要書類や手続が異なる場合があります。詳しくは各自治体の担当窓口にお問い合わせ下さい。

※亡くなった方が世帯主でそのご家族も国民健康保険に加入していた場合、健康保険証の返却の際に、世帯主を書き換えて新しい健康保険証を発行してもらう必要があります。

住民票の世帯主変更　P44

国民健康保険以外の健康保険（会社員等）に加入していた場合

　被保険者の死亡により退職扱いとなった場合は、埋葬料等の支給を受ける方が協会けんぽや健康保険組合に申請を行う際、健康保険証を返納します。基本的には会社側で健康保険・厚生年金保険被保険者資格喪失届を年金事務所に提出するなどの様々な退職手続と一緒に行ってくれることが多いので、会社の担当者に確認しましょう。

　なお、亡くなった方の健康保険の扶養に入っていた場合は死亡日（退職日）の翌日からそれまでの健康保険証が使用できなくなるため、ご自身で国民健康保険と国民年金に加入するか、ほかの家族の健康保険の扶養に入る手続が必要になります。

■ 退職手続のチェックリスト

□ 健康保険被保険者証の返却
□ 社員証（身分証明書）の返却
□ その他会社から貸与を受けていた物の返却
□ 未払い給与、退職金、社内預金、自社持ち株等の精算
□ 会社が求める書類（遺族厚生年金等の手続を会社がする場合等）の提出

ポイントメモ　マイナンバーカードや資格確認書は返却するの？……

　令和6年12月2日より健康保険証は廃止となり、マイナンバーカードを健康保険証とする「マイナ保険証」に一本化されます。マイナ保険証を持っていない人には資格確認書が発行されますが、マイナンバーカードも資格確認書も、どちらも返却は不要です。令和6年12月1日まで有効な健康保険証のみを使用していた場合は返却が必要です。

⑧ 介護保険の資格喪失の手続をしましょう

65歳以上または40歳以上65歳未満で要介護認定を受け
ていたときは資格喪失届と被保険者証の返却が必要です。 | 14日以内

介護保険は、40歳になった月(誕生日の前日)から死亡した日の翌日の前月まで保険料の納付義務が発生します。

65歳以上の方、または40歳以上65歳未満で要介護認定を受けていた方が亡くなった場合は、介護保険の資格喪失の手続をし、被保険者証等を返却しましょう。40歳以上65歳未満で要介護・要支援の認定を受けていない方は資格喪失の手続は不要です。

■ 介護保険資格喪失届の提出方法

提出先	故人が住んでいた市区町村役場の窓口	
提出書類	介護保険資格喪失届(窓口で入手します。ウェブサイトからのダウンロードにより入手できる自治体もあります。)	
返却物	・介護保険被保険者証 ・介護保険負担限度額認定証(対象者)	
自治体や状況により必要なもの	・死亡を証する書面 ・納付書や督促状(未納があった場合) ・手続をする相続人の本人確認書類、預金通帳、印鑑 など	自治体や被保険者の状況により必要書類や手続が異なる場合があります。詳しくは各自治体の担当窓口にお問い合わせ下さい。

 ポイントメモ 保険料の清算 ・・・・・・・・・・・・・・・・・・・・・・・・・・・・・・・・・

亡くなった方の後期高齢者医療制度や介護保険制度の保険料は、再計算され、未納があった場合は相続人に請求がされ、納めすぎていたときは、還付金として相続人に還付されます。保険料が年金から特別徴収されていた場合は、日本年金機構などに必ず死亡届の手続を行いましょう。2年以上届出をしないと還付金の請求権がなくなることもあります。

■ 被保険者の種類

区分	第1号被保険者	第2号被保険者
年齢	65歳以上の人	40歳以上65歳未満の 医療保険加入者
介護保険サービスを 利用できる人	要介護・要支援認定を 受けた人	16の特定疾病※が原因で 要介護・要支援となった人
保険料	原則1割（所得に 応じて2～3割）	加入している医療保険の 算定方法に基づく

※末期がん、関節リウマチ、骨折を伴う骨粗鬆症、初老期における認知症、パーキ
ンソン病関連疾患、脊柱管狭窄症、糖尿病性神経障害・糖尿病性腎症および糖尿
病性網膜症、脳血管疾患、閉塞性動脈硬化症、慢性閉塞性肺疾患　など

高額介護サービス費の請求をしましょう

　介護保険サービス利用料は上限が設けられており、同じ月に一定の上限を超えたときは、申請をすると「高額介護サービス費」として払戻しがされます。利用者本人が亡くなってしまった場合には、相続人が申請すれば高額介護サービス費を受け取ることができます。該当しそうな場合は、被保険者証の返却の際に手続について確認をしてみるといいでしょう。

 役所での手続について ‥‥‥‥‥‥‥‥‥‥‥‥‥‥

　第2章以降でも触れますが、身近な人が亡くなった後に役所で行う手続や届出は多種にわたります。この本では一般的な手続・届出に絞って案内していますが、亡くなった方の状況や利用していた公共サービスなどによっては他にも細かな手続・届出が必要になることもあります。

　自治体によってはおくやみ窓口を設置しているところもありますが、設置されていない場合は、各手続の際に「他に必要になりそうな手続はないか」確認してみるとよいでしょう。

おくやみ窓口　P33

　また、役所に行く際は、亡くなった方の健康保険証や介護保険証、手当の受給者証、手帳などの証明書類、自治体発行のカードや郵便物など、手元にある関係がありそうな書類等を一式持っていくとよいでしょう。

確認して
おきましょう ▶ **手続に必要となる証明書**

相続手続で必要になる証明書について簡単に確認しましょう。

　今後行うことになる様々な手続の中で、亡くなられた方やご家族の方、または、相続人の方に関する証明書が数多くの場面で求められます。詳しくは第4章で改めて説明をしますが、ここで、必要になる可能性のある各種証明書について簡単に確認しておきましょう。

戸籍（除籍・改製原戸籍）証明書　　　　　戸籍 P116

　ほとんどの相続手続において提出を求められるのが戸籍全部事項証明書（戸籍謄本）です。同じ戸籍内にその本籍地において生存している者が誰もいない戸籍は除籍全部事項証明書（除籍謄本）と呼ばれます。

　また、法改正により戸籍が新しくつくられることがあります。このときの改製前の戸籍を改製原戸籍※と呼びます。戸籍証明書は、市区町村役場で取得することができます。

　「誰の」「どのような」証明が求められているか、ということを意識すると準備しやすいでしょう。　　　　　法定相続情報証明制度 P121

※「かいせいげんこせき」とも読みます。

■ 一般的に提出を求められる戸籍（除籍・改製原戸籍）証明書

誰の	どのような戸籍	提出を求められる理由
亡くなった方の	戸籍（除籍）証明書	亡くなられた事実や亡くなられた日を証明するため。
亡くなった方の	出生までさかのぼる除籍・改製原戸籍証明書	具体的に誰が相続人になるのかを証明するため（他に相続人がいないことを証明するため）。
相続人の	戸籍証明書	相続開始時点で相続人が生存していて、相続の権利があることを証明するため。

住民票（除票）の写し　　住民票 P125　不動産登記 P168

　亡くなった方の最後の住所地を確認したり、住所変更の経緯を確認したりするために、**住民票の写し**の提出が求められることがあります。

　住民票に記載されていた者が全員消除されている場合は、**住民票の除票**と呼ばれます。また、住民票の写しのみでは住所変更の経緯が確認できない場合、**戸籍（除籍）の附票の写し**が求められることもあります。

印鑑証明書　　印鑑証明書 P126

　遺産分割協議書や相続届など、相続人が実印を押印した書面の提出を求められることがあります。それらの書面への押印が実印でなされていることを証明するために、併せて**印鑑証明書**の提出も求められます。

　このときに提出する印鑑証明書は6か月以内のものであることなど、期限が定められていることがほとんどです。先に印鑑証明書以外の書類をそろえておくなど、効率よく取得するようにするとよいでしょう。

ポイントメモ　原本の提出が必要？ ・・・・・・・・・・・・・・・・・・・・・・・・・・

　亡くなられた方の出生までさかのぼる戸籍証明書を取得していくと、結構な通数になってしまうことがあります。手続をする窓口ごとに原本を提出するとなると、費用（手数料や郵送費）もかかります。戸籍証明書の提出が必要な場合は、原本を返却してもらえる手続も多いです。各窓口に事前に確認しておくとよいでしょう。

　また、戸籍証明書に代えて、認証文のついた法定相続情報一覧図の写しの提出で足りるとする**法定相続情報証明制度**も便利な制度です。事情に応じて利用を検討してみましょう。

法定相続情報証明制度 P121

コラム ● 預貯金の払戻し制度と葬儀費用

　銀行や信用金庫など、金融機関に預貯金の口座を持っていた方が亡くなった場合、その旨を金融機関に伝える必要があります。

　口座の名義人が亡くなったことが金融機関に知られると、亡くなった方名義の口座は凍結されます。凍結されると、たとえ配偶者や子でも、故人口座からの払戻しなどはできなくなります。　**金融機関の手続　P156**

　そのため、遺産分割が終了するまで故人の口座から払戻しが受けられず、「葬儀費用や相続債務の支払いができない…」という困った事態に陥ってしまうことがあります。

　このような事態に対応できるよう、預貯金が遺産分割の対象となる場合に、各相続人は遺産分割が終わる前でも一定の範囲で**預貯金の払戻し**を受けられます。

　「相続開始時の預貯金額（口座基準）×1/3×法定相続分（1つの金融機関につき上限150万円）」までは、必要な書類を揃えることで単独で払戻しを受けることができます。また、上記の金額を超える資金需要があり、一定の要件を満たす場合には、家庭裁判所に申立を行い、審判を得られれば、単独で払戻しを受けられます。

　ただ、いずれも必要書類の収集などに相応の時間がかかることには注意が必要です。　**書類収集　P50**

　そのため、可能であれば葬儀費用は相続人側で用意できるよう、生命保険などで準備しておくと安心です。　**生命保険の活用　P247**

　また、相続の開始前後に、本人以外の者が勝手に本人の預貯金を引き出してしまうと、場合によっては後日、使い込みや横領の疑いをかけられる可能性があります。この点にも注意しておきましょう。

52

第 2 章

落ち着いたら行う
諸届・諸手続

身近な方が亡くなると、悲しむ間もなく
やるべきことが押し寄せて、慌ただしく
日々が過ぎていきます。

その後少し落ち着くと、改めて大切な人
を失った寂しさを実感するでしょう。その
ような気持ちと向き合いつつも、少しずつ
順番に進めていきたい手続を、この章で確
認しておきましょう。

落ち着いたら行う手続・届出を確認しましょう

落ち着いたら行う手続・届出とは？

　第1章で確認した以外にも、行わなければならない手続・届出があります。急ぐ必要はありませんが、期限が定められているものもあります。以下の表を参考に順番に行っていきましょう。

チェック	内容	手続	手続先	参照
	電気・ガス・水道・ＮＨＫ	変更・解約	各社	P56
	携帯電話・固定電話・インターネット	解約・相続	各社	P56
	シルバーパス・敬老パス・電子マネー	返還・払戻	市区町村・各社	P56・P58
	パスポート	届出	パスポートセンター	P57
	クレジットカード	解約	各社	P57
	定額課金サービスや定期購入	解約	各社	P58
	SNSアカウント	削除	各社	P59

■ 期限に注意が必要な手続一覧表

チェック	内容	期限	手続先	参照
	故人の所得税の準確定申告	4か月	税務署	P60
	葬祭費・埋葬料の請求申請	時効2年	市区町村	P64
	高額療養費の払戻し申請	時効2年	健康保険による	P67
	名字を婚姻前に戻す届出	―	市区町村	P69
	姻族関係を終わらせる届出	―	市区町村	P72
	故人の事業を引き継ぐ申請	原則4か月	税務署	P74

落ち着いたら行う手続・届出のポイント

（1）手続の優先順位

　例えば、故人の所得税の申告や事業を引き継ぐ手続は、いつまでに行わなければならない、という期限が定められています。該当する方は、これらの手続については優先して行う必要があるでしょう。

準確定申告　P60　　青色申告承認申請　P74

　逆に、ご自身や子の名字をどうするか、という問題や、配偶者の親族との姻族関係をどうするか、という問題など、手続に期限が定められていないものについては、時間をかけてじっくり考えてから決断し、手続を行ったほうがよいでしょう。

復氏届　P69

（2）故人が受けていたサービスの解約

　公共料金や故人が受けていたサービスを、今後利用することがないため解約する場合には、発生する費用等の兼ね合いから、なるべくすみやかに手続・届出を行ったほうがよいでしょう。これまで支払っていたものを確認するには、故人の通帳や郵便物、クレジットカードの明細などをチェックする方法が一般的です。

解約　P56～59

55

公共料金の解約・変更手続をしましょう

「いつまでに」という期限はありませんが、
できるだけ早めに手続をしておきましょう。 | すみやかに

銀行口座が凍結されると、公共料金等の自動引落としができなくなります。手続方法を確認しておきましょう。 金融機関の手続 P156

電気・ガス・水道・NHK

公共料金の解約や契約者変更の手続は、電話やインターネットで行えます。また、亡くなった方の口座やクレジットカードは使えなくなるため、口座振替やカード払いだった場合は支払方法の変更手続も必要です。サービスセンターなどに連絡し、必要書類を送ってもらいましょう。

携帯電話・固定電話・インターネット

携帯電話の契約は家族が引き継ぐこともできますが、解約することのほうが多いと思います。電話機本体とSIMカード、死亡の事実が証明できる戸籍証明書などの書類、相続人の運転免許証やマイナンバーカードなどの本人確認書類を窓口に持参します。

格安スマホ、インターネットプロバイダー、固定電話の引継ぎや解約は、電話やインターネット、郵送で手続できることが多いようです。解約の場合、解約日までの料金の精算が必要になりますので、電話などで確認しましょう。

シルバーパス・敬老パス

シルバーパスや敬老パスは、死亡によって自動的に使えなくなる地域もありますが、有効期間内の場合、残高や負担金の一部が払い戻されることがあります。役所の窓口や民間のパス発行元に連絡しましょう。

⑫ 免許証・カード等の返却手続をしましょう

紛失して第三者に悪用されることのないように、
早めに解約・返却手続をしておきましょう。

すみやかに

亡くなった方が所持していた運転免許証、パスポート、マイナンバーカード、クレジットカードはどうすればよいでしょうか。

運転免許証

返納義務はありませんが、更新の時期に更新連絡のハガキが届いてしまいます。亡くなった方の運転免許証、死亡の事実が証明できる戸籍証明書などの書類、相続人の運転免許証などの本人確認書類を警察署などに持参すれば、免許証を無効にし、更新の通知を停止できます。

パスポート

亡くなった方のパスポート、死亡の事実が証明できる戸籍証明書などの書類、相続人のマイナンバーカードなどの本人確認書類を持参し、最寄りのパスポートセンターに届け出て、失効手続を行いましょう。

クレジットカード

手続の方法はカード会社により異なるため、電話やウェブサイトで問い合わせ、必要な書類をそろえましょう。ただし、カードを解約しても故人が使用したカードの未払金は、原則として相続人が支払わなければなりません。利用明細が気になる場合は、情報を開示してもらうとよいでしょう。

相続財産 P105

マイナンバーカード（通知カード）

死亡届を提出するとマイナンバーは自動的に失効しますので、マイナンバーカードや通知カードを返却する必要はありません。

03 電子マネー・サブスク・SNSアカウントについて

払戻しができるもの、解約しないと引き続き料金がかかるものは早めに確認しておきましょう。 | すみやかに

電子マネーや定額課金サービスの解約とチャージ残高の返金、SNSアカウントの確認と対処もしておきましょう。

交通系ICカード

交通系ICカードのチャージ残高やデポジットは、手数料はかかりますが払戻しが可能です。エリア内の駅やバスの窓口に、死亡の事実が証明できる戸籍証明書などの書類と、相続人の運転免許証やマイナンバーカードなどの本人確認書類を持参して払戻しの手続をしましょう。

スマホで利用するモバイル会員だった場合、インターネットで申請し、必要書類を郵送すれば、手続を行った方の口座に返金されます。

キャッシュレス決済サービス

バーコードやQRコードで支払うPayPay、LINE Pay、楽天ペイなどの電子マネーは、即時払いやクレジットカード払いなどであれば、利用しない限り支払いは生じません。その場合は解約だけしておきましょう。

前払い式決済の残高は、振込手数料を差し引いた残額が払戻しされることがあります。解約や払戻しの手続、必要書類などは、各社に電話やメール、ウェブサイトの受付フォームなどから問い合わせて確認しましょう。

定額課金サービスや定期購入

YouTubeやNetflixなどの音楽や動画の配信、Google、iCloudなどのクラウドストレージ、Amazonプライムなど、亡くなった方が何らかのサービスを有料のサブスクリプション方式で利用していることがありま

す。亡くなってからも契約と課金は自動的に継続され、利用料が月や年ごとに引き落とされてしまうので、口座の取引履歴やクレジットカードの利用明細、パソコンのブックマーク、アカウントページ、アプリ、メールの送受信ボックスなどを確認しましょう。クレジットカードや銀行口座を解約すれば引落し自体は止まりますが、それだけでは解約にならず料金滞納扱いになってしまうこともあります。

　商品の定期購入については、亡くなった方宛てに届く荷物や郵便物をチェックし、送付元の会社に連絡して解約手続を取りましょう。

SNSアカウント

　亡くなった方のFacebook、Instagram、LINE、X（旧Twitter）などのSNSは、そのままでも費用は発生しませんが、乗っ取られるリスクが怖い方は、アカウントを閉じた方が安心です。手続方法や必要書類は随時変わりますので、手続前に各SNSのウェブサイトなどで確認しましょう。

（1）SNSアカウントの探し方

　実名登録が原則のFacebookは、家族が自分のアカウントで検索してみましょう。InstagramやXは亡くなった方の友人にアカウントの有無を聞くのも有効です。LINEは携帯電話の番号と紐付けされ、家族との連絡に使われることも多いので探しやすいでしょう。なお、亡くなった方のパソコンやスマホなどからアカウントに自動でログインできても、本人以外の遺族の利用は、規約上、黙認はされても認められていないことが多いので気をつけましょう。

（2）SNSアカウントを閉じたい場合

　FacebookやInstagramはヘルプセンターからアカウントの削除か、追悼アカウントとしてページを残す申請のどちらかを行います。死亡診断書などの画像データが必要になります。LINEはお問い合わせフォームからアカウントの削除を依頼できます。Xは規約上、IDとパスワードがわかれば遺族がログインし、アカウントを削除しても構いません。

59

04 故人の所得税の申告手続をしましょう

相続税の申告より先に、故人の所得税の申告や納税が必要になることがあります。

4か月以内

　確定申告の必要な方が年の途中で亡くなると、相続人や包括受遺者（包括遺贈を受ける者）は亡くなった方の代わりに所得税の**準確定申告**を行う必要があります。

所得税の準確定申告

　通常は1月1日から死亡日までについて、亡くなった年分の申告を行います。また、確定申告の必要な人が3月15日までに亡くなり、前年分の確定申告をしていなかった場合は、前年分の申告も必要です。期限はどちらも**相続の開始があったことを知った日の翌日から4か月以内**です。通常の確定申告とは期限が異なりますので注意しましょう。

　申告書類や記載の方法は、相続人や包括受遺者全員の氏名を記載した「付表」が必要なケース以外は、通常の確定申告とほぼ同じです。

準確定申告が必要な（または申告すると還付が受けられる）ケース

- 個人で事業を行っていた、不動産を賃貸していた
- 公的年金を受給していた、多額の医療費を支払った
- 2か所以上から給与をもらっていた
- 給与や退職金以外の所得がある　など

 所得が公的年金しかなかった場合 ⋯⋯⋯⋯⋯

　公的年金等による収入が400万円以下で、他の所得も20万円以下の場合、申告は不要です。源泉徴収票は死亡届を出した相続人宛に自動的に送付されますが、相続人以外が届を出した場合、別途手続が必要です。

所得税の準確定申告書（第1表）の書き方（相続人等が2人以上の時）

第2章　落ち着いたら行う　諸届・諸手続

■ 所得税の準確定申告書（第２表）の書き方（相続人等が２人以上のとき）

令和 [０６] 年分の 所得税及び復興特別所得税 の準確定申告書

整理番号 □□□□□□□□　　FA2303

第二表

（令和五年分以降用）

保険料等の種類	支払保険料等の計	うち年末調整等以外
⑬⑭ 社会保険料控除 介護保険	98,000 円	98,000
後期高齢者医療保険	292,000	292,000

吹き出し:
> 源泉徴収票を見て記入します。支払者の所在地ではなく法人番号の記載でも構いません。

住所／事業所／居所 東京都豊島区目白六丁目３１－１７

フリガナ　フユヒラ　イサム
氏名　被相続人　冬平　勇

⑮ 生命保険料控除	種類	金額	うち
	新生命保険料	30,000 円	30,000
	旧生命保険料		
	新個人年金保険料		
	旧個人年金保険料		
	介護医療保険料		
⑯ 地震保険料控除	地震保険料	15,000 円	15,000
	旧長期損害保険料		

○ 所得の内訳（所得税及び復興特別所得税の源泉徴収税額）

所得の種類	種目	給与などの支払者の「名称」及び「法人番号又は所在地」等	収入金額	源泉徴収税額
給与	給料	○○株式会社 5678901234567	2,700,000 円	68,000
雑（年金等）	年金	厚生労働省 年金局 千代田区霞ヶ関×××	3,300,000	64,000
		㊽ 源泉徴収税額の合計額		132,000 円

本人に関する事項（⑰〜㉙）
□ 死別　□ 生死不明　□ 未帰還　□ 離婚　□ 未帰還　□ 年調以外かつ専修学校等

○ 雑損控除に関する事項（㉖）

損害の原因	損害年月日	損害を受けた資産の種類など

損害金額 円	保険金などで補塡される金額 円	差引損失額のうち災害関連支出の金額 円

○ 総合課税の譲渡所得、一時所得に関する事項（⑪）

所得の種類	収入金額	必要経費等	差引金額
			円

吹き出し:
> 配偶者や扶養親族のマイナンバーは必要です。

○ 寄附金控除に関する事項（㉘）

寄附先の名称等		寄附金	円

特例適用条文等

○ 配偶者や親族に関する事項（⑳〜㉓）

氏名	個人番号	続柄	生年月日	障害者	国外居住	住民税	その他
冬平　清子	○○○○○○○○○○○○	配偶者	明大昭平令 ㉓ 18.1.7				
			明大昭平令				
			明大昭平令				
			明大昭平令				

吹き出し:
> 住民税は課税されないためこの欄に記入する必要はありません。

○ 事業専従者に関する事項（㊹）

事業専従者の氏名	個人番号	続柄	生年月日	従事月数・程度・仕事の内容	専従者給与（控除）額
			明大昭平		
			明大昭平		

○ 住民税・事業税に関する事項

住民税	非上場株式の少額配当等	非居住者の特例	配当割額控除額	株式等譲渡所得割額控除額	給与・公的年金等以外の所得に係る住民税の徴収方法 特別徴収／自分で納付	都道府県、市区町村への寄附（特例控除対象）	共同募金、日赤その他の寄附	都道府県条例指定寄附	市区町村条例指定寄附

退職所得のある配偶者・親族の氏名	個人番号	続柄	生年月日	退職所得を除く所得金額	障害者	その他 寡婦・ひとり親
			明大昭平			

事業税	非課税所得など	所得番号	金額	損益通算の特例適用前の不動産所得		前年中の開（廃）業	開始・廃止 月日
	不動産所得から差し引いた青色申告特別控除額			事業用資産の譲渡損失など		他都道府県の事務所等	

上記の配偶者・親族・事業専従者のうち別居の者の氏名・住所
住所
所得種類／申告期限

所得税で控除対象配偶者などとした専従者 氏名
一連番号

整理欄	申告区分	申告等年月日		法		所得種類			申告期限	税理士署名・電話番号	（　　　－　　　－　　　）

右側縦書き:
第二表は、第一表と一緒に提出してください。国民年金保険料や生命保険料の支払証明書など申告書に添付しなければならない書類等は第二表の裏面などに貼ってください。

62

死亡した者の所得税の確定申告書付表の書き方

準確定申告書の提出方法

提出書類	確定申告書 第1表、第2表、付表（税務署の窓口か国税庁のウェブサイトからダウンロードして入手します）、相続人等の本人確認書類（マイナンバーカード、または通知カードと運転免許証・パスポート・公的医療保険の被保険者証などのいずれか）の写し
提出先	亡くなった方の納税地（住所地）の所轄税務署、電子申告も可
提出期限	相続の開始があったことを知った日の翌日から4か月以内
提出する人	相続人や包括受遺者
必要なもの	年金や給与の源泉徴収票、医療費の領収書など

05 葬祭費・埋葬料の申請をしましょう

亡くなった方が加入していた公的保険から葬儀費用の一部として「葬祭費もしくは埋葬料（費）」が支給されます。

時効2年

亡くなった方が国民健康保険・後期高齢者医療制度に加入していた場合は葬祭費が、会社員等で健康保険に加入していた場合は埋葬料（または埋葬費）が支給されます。

国民健康保険（自営等）・後期高齢者医療制度に加入していた場合

葬儀を行った喪主等に対して、葬祭費が支給されます。金額は故人の住んでいた場所や加入していた制度によって違いますが、一般的には3万～7万円程度です。市区町村によっては別の給付が受けられる場合もありますので、念のため窓口で確認してみるとよいでしょう。

■ 葬祭費の申請方法

提出先	故人が住んでいた市区町村役場の窓口
提出できる人	葬儀を行った喪主等
必要なもの	申請書（窓口で入手します）、葬儀にかかった領収書、振込先がわかるもの、申請者の本人確認ができるもの、印鑑など※
手数料	かかりません
期　限	葬儀を執り行った日の翌日から2年で時効

※市区町村により手続や必要なものが異なる場合があります。

会社員等で健康保険に加入していた場合

亡くなった方に生計を維持されていて、埋葬を行った方に埋葬料として定額5万円が支給されます。埋葬料の申請ができる人（埋葬料支給の対象者）がいないときは、実際に埋葬を行った人に埋葬費が支給されます。退職した後に亡くなった場合でも、退職後3か月以内であれば請求

64

することができます。

　埋葬費の額は、埋葬料（5万円）の範囲内で埋葬にかかった費用（霊柩車代、火葬料、葬壇一式料など）になります。

　なお、被保険者のご家族（被扶養者）が亡くなった場合は、家族埋葬料として5万円が被保険者に支給されます。

　また、会社が健康保険組合に加入していたときは、組合によって付加給付がある場合もあります。

■ 埋葬料（費）の申請方法

提出先	故人の勤務先の管轄協会けんぽ（年金事務所）もしくは健康保険組合
提出できる人	生計を維持されていて埋葬を行った人（該当者がいない場合は埋葬を行った人）
必要なもの	申請書（故人が加入していた健康保険組合または協会けんぽから入手します）、埋葬にかかった領収書、印鑑など（代理申請の場合は委任状）
期　限	埋葬料：死亡した日の翌日から2年で時効 埋葬費：埋葬を行った日の翌日から2年で時効
留意点	会社が手続を行う場合あり。要確認

 葬祭費・埋葬料の注意点 ……………………………

　葬祭費・埋葬料は、死亡したことに関して支払われるものではなく、行われた葬儀・埋葬に対して支払われるものなので、相続財産にはなりません。また、実際に葬儀・埋葬を行っていない場合は支給を受けることはできません。

相続財産 P105

　なお、業務上の事故や通勤災害などで亡くなった場合は、労災からの支給になります。労災の手続の方法は、故人の勤務先に確認しながら進めるとよいでしょう。

労災 P102

■ 葬祭費支給申請書の書き方

後期高齢者医療葬祭費支給申請書及び葬祭給付金支給申請書

令和 6 年 9 月 15 日

死亡者関係事項	被保険者番号	0 1 2 3 4 5 6 7	個人番号	○○○○○○○○○○○○

被保険者氏名 （フリガナ） フユヒラ イサム　**冬平 勇**

生年月日 明治・大正・㋕昭和 13 年 3 月 15 日

死亡年月日 令和 6 年 7 月 23 日

葬祭執行年月日（告別式の日） 令和 6 年 7 月 28 日

他からの葬祭費等の支給有無 あり（　　　）・㋕なし
※社会保険等から葬祭費相当の支給を受けられる場合や交通事故等で相手方からの補償がある場合は支給できない場合があります。

豊島区長
上記のとおり葬祭費及び葬祭給付金の支給を申請します。

葬祭執行者
住所 〒171-0031 東京㋕都 豊島市区町村 目白六丁目31-17
氏名 冬平 清子 ㊞　死亡者との続柄 妻
電話

振込口座
豊島 銀行 信用金庫 信用組合
目白 支店
普通・当座 口座番号 8 7 6 5 4 3 2
カタカナ名義人 フユヒラ キヨコ 冬平 清子 ㊞

必要に応じて押印します。

※ 葬祭執行者と振込口座名義人が異なる場合は、下記の「委任状」の記入が必要になります。

委任状 私＿＿＿＿は、下記の者を代理人と定め、葬祭費の受領に関する権限を委任します。
受任者 住所＿＿ 氏名＿＿ 葬祭執行者との続柄（　） 電話（　）

※ 窓口に申請に来た人が、葬祭執行者と異なる場合に記入してください。

代理人 申請代理人 住所＿＿ 氏名＿＿ ㊞ 葬祭執行者との続柄（　） 電話（　）

区使用欄
区確認 □葬儀領収書 □証回収(保険証・減額証) □送付先変更(有・無) □収納状況確認 □その他(　)
受付年月日
受付／入

75歳以上の方は後期高齢者医療制度による給付となります。支給申請書は、故人が加入していた健康保険や市区町村により様式が異なります。

66

06 高額療養費の支給を受けたいとき

医療費の自己負担額が高額になった場合、一部の
払戻しを受けることができます。

診療月翌月〜
2年以内

高額療養費とは、国民健康保険、後期高齢者医療制度、健康保険の加入者が、病院や薬局の窓口で支払った額が、暦月（1日から月末まで）で一定の金額を超えた場合に、その超えた分の払戻しを請求することができる制度です。本人の死亡後に請求することもできますので、故人の自己負担した医療費が高額だった場合は申請してみましょう。

ただし、健康保険が使えない治療や投薬を受けた場合、差額ベッド代や入院中の食事代等は対象にはなりません。 高額介護サービス費 P49

高額療養費の計算の方法

自己負担額となる毎月の負担の上限額は、加入者の年齢や所得により異なります。次ページの自己負担額の計算例を参考にして下さい。

また、故人の複数の受診や同じ世帯にいる家族の自己負担額を1か月単位で合算（70歳未満の方の受診については、21,000円以上の自己負担のみ合算）して申請できる「世帯合算」や、同世帯で直近12か月に3回以上自己負担額を超えた場合は、4回目からはさらに自己負担が軽減される「多数回該当」という仕組みもあります。

■ 高額療養費の請求方法

	国民健康保険・後期高齢者医療の場合	健康保険（サラリーマン）の場合
提出先	お住まいの市区町村の担当窓口	協会けんぽまたは健康保険組合
提出書類	高額療養費支給申請書（窓口で入手するか、自治体や健康保険組合によってはウェブサイトからダウンロードで入手できるところもあります）	
必要なもの	病院に支払った領収書・故人との続柄がわかる戸籍証明書等※	

※市区町村または健康保険（組合）によっては他の書類が必要な場合があります。

第2章 落ち着いたら行う 諸届・諸手続

67

■ 自己負担限度額（70歳未満の方の場合） （令和6年4月現在）

所得区分	1か月の負担の上限額	多数回該当の場合
①年収約1,160万円〜 （年間所得901万円超）	252,600円 +（医療費 − 842,000円）× 1 %	140,100円
②年収約770万〜約1,160万円 （年間所得600万〜901万円）	167,400円 +（医療費 − 558,000円）× 1 %	93,000円
③年収約370万〜約770万円 （年間所得210万〜600万円）	80,100円 +（医療費 − 267,000円）× 1 %	44,400円
④年収約156万円〜約370万円 （年間所得210万円以下）	57,600円	44,400円
⑤住民税非課税者	35,400円	24,600円

【自己負担額の計算例①】

　③の所得区分に該当する方が医療費として3割負担で30万円支払った場合、実際の医療費は100万円ですから、80,100円 +（1,000,000円 − 267,000円）× 1 % = 87,430円となり、窓口での自己負担300,000円 − 87,430円 = 212,570円が返金され、自己負担額は87,430円で済みます。

■ 自己負担限度額（70歳以上の方の場合） （令和6年4月現在）

所得区分		1か月の負担の上限額	
		外来（個人ごと）	（世帯ごと）
現役並み	①年収約1,160万円〜 （年間所得690万円以上）	252,600円 +（医療費 − 842,000円）× 1 % <多数回140,100円>	
	②年収約770万〜約1,160万円 （年間所得380万円以上）	167,400円 +（医療費 − 558,000円）× 1 % <多数回93,000円>	
	③年収約370万〜約770万円 （年間所得145万円以上）	80,100円 +（医療費 − 267,000円）× 1 % <多数回44,400円>	
④一般所得者 　年間所得145万円未満等		18,000円 （年間上限144,000円）	57,600円 <多数回44,400円>
住民税非課税等	⑤住民税非課税世帯	8,000円	24,600円
	⑥住民税非課税世帯者 （年金収入80万円以下等）	8,000円	15,000円

【自己負担額の計算例②】

　一般所得者が世帯単位で10万円支払った場合、自己負担の上限額は57,600円なので、自己負担100,000円 − 57,600円 = 42,400円が返金されます。

07 婚姻前の名字に戻したいとき

ご夫婦のどちらか一方が亡くなった場合、残された配偶者は名字を旧姓に戻すことができます。

| 期限なし |

配偶者が亡くなったときに名字をそのままにするか婚姻前に戻すかは、残された方が自由に決めることができます。婚姻により姓を変更した者が旧姓に戻したい場合は、市区町村役場に**復氏届**を提出します。

配偶者と子で異なる手続

ただし、子がいる場合は注意が必要です。復氏届により旧姓に戻るのは本人のみなので、何もしなければ子はそのまま戸籍に残り、名字は変更されません。

子も名字を変更し、旧姓に戻った方の戸籍に入れる場合は、家庭裁判所に**子の氏の変更許可申立書**を提出し、許可審判を受けた後に**入籍届**を提出して、戸籍を移します。これにより子も同じ戸籍に入り、残された方と同じ名字を名乗ることができるようになります。

■ 復氏届の提出方法

姻族関係を終了したいとき　P72

提出先	残された配偶者の本籍地または住所地の市区町村役場窓口
必要なもの	届出書（窓口で入手します）、戸籍証明書（本籍地に届け出る場合は不要）、結婚前の戸籍に戻るときは婚姻前の戸籍証明書、印鑑　など
提出期限	死亡届の提出後であればいつでも届出可（期限なし）

■ 子の氏の変更許可申立の方法

（令和6年4月現在）

提出先	子の住所地の家庭裁判所
申立人	子（子が15歳未満のときは子の法定代理人）
申立費用	800円の収入印紙、連絡用の郵便切手
必要なもの	申立書（裁判所の窓口か、裁判所のウェブサイトからダウンロードして入手します）、子の戸籍証明書、父母の戸籍証明書　など

第2章 落ち着いたら行う 諸届・諸手続

69

■ 復氏届の書き方

届出する年月日を記入して下さい。

現在の氏名を記入します。

復氏する方の届出時の本籍、筆頭者氏名を記入します。

復氏しようとする氏（婚姻前の氏）を記入します。

復氏する方の父母の氏名を記入して下さい（父母が現在婚姻しているときは母の氏は書きません）。

復氏後の本籍について、該当する箇所にチェックします。
婚姻前の元の戸籍に戻る場合、「もとの戸籍にもどる」にチェックします。
復籍すべき戸籍が除かれているとき、または復氏する方が新戸籍編製の申出をしたい場合、「新しい戸籍をつくる」にチェックします。

押印は任意です。

届出人は婚姻の際に氏を改めた生存配偶者のみです。署名は復氏する前の氏（現在の氏）で行います。

様式は各市区町村により異なる場合があります。

ポイントメモ

国際結婚の場合 ・・・・・・・・・・・・・・・・・・・・・・・・・・・・・・・

　配偶者の死亡に伴う復氏届の提出には原則として期限がありませんが、亡くなった配偶者が外国人であった場合の復氏届については、亡くなった日の翌日から3か月を経過してしまうと、届出に際して家庭裁判所の許可が必要となります。注意しましょう。

■ 入籍届の書き方（15歳未満の子について、家庭裁判所の許可を得て 父の戸籍から母の戸籍へ入籍する場合）

届出する年月日を記入して下さい。

実の父母の現在の氏名とその続柄を記入します。

入籍する人の年齢によって届出人が変わります。

入籍する人が15歳未満のときは、親権者が届出人となります。

様式は各市区町村により異なる場合があります。

押印は任意です。

■ 入籍届の提出方法

提出先	子の本籍地または届出人の住所地の市区町村役場窓口
届出ができる人	子（子が15歳未満のときは子の法定代理人）
必要なもの	届出書（窓口で入手します）、子の氏変更許可の審判書（家庭裁判所から交付）、子の現在の戸籍証明書と入籍先の戸籍証明書、印鑑　など

08 姻族関係を終了したいとき

ご夫婦の一方が亡くなった場合、残された配偶者は婚姻関係を終了することができます。

提出期限なし

　配偶者が亡くなったら婚姻関係は当然に解消となりますが、配偶者の親族との姻族関係はそのまま継続されます。残された方は、**姻族関係終了届**により、配偶者の親族との姻族関係を終了させることができます。

配偶者の親族の扶養義務等がなくなる

　姻族関係が終了することにより、亡くなった配偶者の親族の扶養義務等はなくなります。

　姻族関係終了届は残された配偶者が単独で行うことができ、亡くなった配偶者の親族の同意は不要です。ちなみに、この手続ができるのは残された配偶者のみで、亡くなった配偶者の親族側でこの届出を提出することはできません。姻族関係終了届は、本籍地あるいはお住まいの市区町村役場の窓口に提出します。

　なお、子と亡くなった配偶者の親族との関係はそのまま継続します。

■ 姻族関係終了届の提出方法

提出先	届出人の本籍地、住所地等の市区町村役場窓口
届出ができる人	残された配偶者
必要なもの	届出書（窓口で入手します）、亡くなった配偶者の死亡事項の記載がある戸籍（除籍）証明書、印鑑　など

■ 姻族関係終了届の書き方

届出日を記入します。

届出人の住所・氏名・生年月日を記入します。

届出時の本籍を記入します。

届出人は生存している配偶者に限られます。

様式は各市区町村により異なる場合があります。

押印は任意です。

 ポイントメモ 復氏届と姻族関係終了届 ・・・・・・・・・・・・・・・・・・・・・・

　姻族関係終了届によって姻族関係が終了しても、戸籍には変動はなく、氏はそのままです。旧姓に戻したい場合には、別途、復氏届の提出が必要です。子の氏の変更許可申立書は、家庭裁判所に提出します。

復氏届、子の氏の変更許可申立　P69

73

09 故人の事業を引き継ぐとき

青色申告承認申請書を税務署に提出すれば
所得税の様々な特典が受けられます。

原則4か月以内

故人からアパート経営やお店などの事業を引き継ぐと、所得税の確定申告をする義務が生じます。税務署に**青色申告承認申請書**を提出し、要件に沿った帳簿に基づき申告を行えば、様々な特典を受けられます。

青色申告と白色申告の違い

所得税には青色申告と白色申告の2種類があり、どちらも帳簿への記帳が必要です。**青色申告**の方が、より細かなルールに基づいた帳簿を備え付ける義務がある分、税金面で有利になっています。

【青色申告の主な特典】

1. 青色申告特別控除という特別な経費が認められる。
   帳簿の種類によって最高10万円または最高55万円。※

2. 家族へ払った給与が経費になる。

3. 赤字を3年間繰り越せる。

※電子申告または優良な電子帳簿保存を行う場合は65万円。

青色申告承認申請書の提出方法

提出書類	青色申告承認申請書（税務署の窓口か、国税庁のウェブサイトからダウンロードして入手します）		
提出先	相続人の納税地（住所地）の所轄税務署。e-Taxによる申請も可		
提出期限	死亡の日が	1月1日〜8月31日	死亡の日から4か月以内
		9月1日〜10月31日	その年の12月31日まで
		11月1日〜12月31日	翌年の2月15日まで
手数料	かかりません		

所得税の青色申告承認申請書の書き方

 青色申告と相続 ·····························

　故人が青色申告をしていても、その効力が当然に相続人に引き継がれるわけではありません。相続人が以前から青色申告をしていた場合を除き、青色申告を行う場合は新たに青色申告承認申請書を提出しましょう。

インボイスの登録をしていたら

　令和5年10月に消費税の**インボイス制度**がスタートしました。青色申告と同様に、インボイスの登録や番号も亡くなった方から相続人に自動的には引き継がれず、別途手続が必要です。ただし、相続人は相続開始後4か月間は「亡くなった方の」番号でインボイスを発行し、消費税を納める義務を負います。また、**適格請求書発行事業者の死亡届出書**の提出も忘れずに。詳しくは税務署や税理士に相談しましょう。

■ 適格請求書発行事業者の死亡届出書の書き方

第3章

遺族年金等の手続

　年金制度の中には、一家の働き手が亡くなった場合に、残された遺族が路頭に迷わないよう、遺族に対して支払われる遺族年金というものがあります。

　遺族年金は、受け取ることのできる遺族にも一定の要件があり、また、亡くなった方がどのような年金に加入していたかによって支給される額が変わります。亡くなられた方が納付した保険料が掛け捨てにならないよう、遺族に支払われる一時金という制度もあります。

　これらの年金の制度と手続について、この章で確認しましょう。

公的年金の手続を確認しましょう

年金関係で確認すべきこと

　生計を同一にしていた方が亡くなった場合、年金関係ですべき手続は大きく分けて2つあります。1つ目は、亡くなった方が年金を受給していた場合の、年金の受給停止と未支給の年金を受給する手続です。2つ目は、亡くなった方が加入・受給していた年金の種類や保険料を納めた期間を確認し、遺族がどのような年金や一時金が受給できるかを知り、請求する手続です。

　遺族が受給できる年金で主なものは**遺族基礎年金**（国民年金：自営業等）と**遺族厚生年金**（厚生年金：会社員等）の2種類があり、亡くなった方が加入・受給していた年金の種類や保険料納付期間によって、受給できる金額が変わります。また、遺族側にもそれぞれに要件があります。

　支給要件や遺族要件に該当した場合でも、年金は5年、一時金は2年の時効があり、請求期間を過ぎると受け取れなくなります。要件を確認して、すみやかに必要な手続を行うことが大切です。

■ 年金の種類と加入する人

国民年金	自営業や農業等に従事する人、学生、フリーター、無職等で日本に住む20歳以上60歳未満のすべての国民。
厚生（共済）年金	法人や団体で働く70歳未満のサラリーマン等や公務員等。

■ 故人別の遺族に支給される年金・一時金

故　人	遺族に支給される年金・一時金
国民年金（自営業など）に加入中の方	遺族基礎年金 該当すれば、①寡婦年金・②死亡一時金（①②どちらか選択）
国民年金および厚生年金（会社員など）に加入中の方	遺族基礎年金と遺族厚生年金 該当すれば 中高齢寡婦加算・経過的寡婦加算
会社員の配偶者等	なし
老齢基礎年金受給権者（※1）または受給資格期間を満たしている方（※2）	遺族基礎年金
老齢厚生年金受給権者（※1）または受給資格期間を満たしている方（※2）	遺族厚生年金・遺族基礎年金 該当すれば 中高齢寡婦加算・経過的寡婦加算

※1：原則65歳以上で受給資格期間25年以上の方
※2：受給資格期間25年を満たしているが原則65歳に達していない方

　この章では概要についてまとめましたが、年金制度は細かい条件がありますので、実際の支給条件や金額、また詳細や不明な点については最寄りの年金事務所やねんきんダイヤルでご確認下さい。

　亡くなった方が公務員だった場合は所属する共済組合（国家公務員共済組合・地方公務員共済組合・日本私立学校振興・共済事業団）へお問い合わせ下さい。

ねんきんダイヤル（一般的な年金相談に関するお問い合わせ先）

電話番号　0570-05-1165（ナビダイヤル）

050から始まる電話からかける場合は03-6700-1165（一般電話）

01 公的年金の基本を確認しましょう

公的年金は国民年金と厚生年金があり、給付の種
類は老齢年金、障害年金、遺族年金の３種類です。 **すみやかに**

　日本に住む20歳以上60歳未満のすべての国民が加入しているのが国民
年金です。会社員や公務員（以下、「会社員等」といいます）は国民年
金に加えて厚生年金や共済年金などにも加入するので、**国民年金と厚生
（共済）年金の２つの年金制度に同時に加入している**ことになります。
これが「会社員等の２階建て年金」と呼ばれているものです。

老後のための「老齢基礎年金・老齢厚生年金」をもらえる人は?

　受給資格期間を満たしている人は、原則65歳から年金を受け取ること
ができます。この**受給資格期間**は、保険料を納めた期間と保険料の免除
を受けた期間などの期間が合わせて**原則10年（120か月）以上あること**
が必要です。

　遺族年金は、亡くなった方が国民年金もしくは厚生年金に加入中のと
きの死亡であれば支給要件に当てはまりますが、そうでなかったときは、
この老齢基礎年金・老齢厚生年金の受給資格期間を満たしているかどう
かが重要なポイントになってくる場合があります。

　受給資格期間には、様々な経過措置や特例措置がありますので、受給
資格期間が足りないと思われたときでも、受け取ることができる場合が
あります。念のため、最寄りの年金事務所やねんきんダイヤルへ問い合
わせて確認してみましょう。

ねんきんダイヤル　P79

■ 年金制度（2階建て年金）の仕組み

【自営業等】		【会社員等】
	2階部分	厚生（共済）年金
国民年金	1階部分	国民年金

■ 被保険者の種類

被保険者の種類	被保険者	年金の種類
第1号被保険者	自営業等	国民年金
第2号被保険者	会社員等	国民年金＋厚生（共済）年金
第3号被保険者	会社員等の配偶者	〃

■ 給付される年金の種類

【原因】		【年金の種類】
老　齢	⇨	老齢基礎年金・老齢厚生年金
障　害	⇨	障害基礎年金・障害厚生年金
死　亡	⇨	遺族基礎年金・遺族厚生年金

ポイントメモ 共済年金制度について ……………………………

　公務員等が加入している共済年金制度は、長期給付という厚生年金に相当する制度がありますが、共済年金独自の給付や要件もあります（例えば、共済年金の遺族年金には厚生年金にはない転給制度がある。保険料を納めていたか滞納していたかは問われない。厚生年金の老齢厚生年金は「標準報酬月額」が元になるが、地方公務員の場合「標準報酬月額」という概念がない、などの点が全く異なります）。

　この章では厚生年金制度について記載をしています。なお、平成27年10月に共済年金制度は厚生年金制度に一元化されました。

第3章

遺族年金等の手続

81

⓪2 年金受給を停止し、未支給の年金を請求しましょう

年金受給者が亡くなった場合、受給停止の手続が
必要です。また未支給分があれば請求ができます。 | すみやかに

　年金受給者が亡くなった場合は、年金受給を停止する手続（年金受給権者死亡届の提出）が必要です。手続が遅れてしまったために年金が支払われてしまった場合は、その分を返還しなければなりません。

　年金は年6回、偶数月の15日に前2か月分が支払われ、死亡した月の分まで受け取ることができます。まだ支払われていない**未支給年金**は請求すれば受給資格のある遺族に支払われます。亡くなった方が年金の受給資格期間を満たしていたにもかかわらず、年金をもらっていなかった場合でも未支給年金は支払われますので確認してみましょう。

未支給年金の受給資格のある遺族

　亡くなった方が死亡するまでに受けるべきであった未支給分の年金は、亡くなった方と生計を同じくしていた**①配偶者→②子→③父母→④孫→⑤祖父母→⑥兄弟姉妹→⑦それ以外の3親等**（平成26年4月以降に死亡した方に限る）の順番で請求できます（自分より先順位の方がいる場合は請求できません）。また同じ順位の方が2人以上いる場合は、1人が行った請求は全員のために全額を請求したもの、1人に対して支給された年金は全員に対して支給したものとみなされます。

■ それ以外の3親等とは？

1親等	子の配偶者、配偶者の父母
2親等	孫の配偶者、兄弟姉妹の配偶者、配偶者の祖父母、配偶者の兄弟姉妹
3親等	曽孫、曽祖父母、曽孫の配偶者、甥・姪、伯叔父・伯叔母、甥・姪の配偶者、伯叔父・伯叔母の配偶者、配偶者の曽祖父母、配偶者の甥・姪、配偶者の伯叔父・伯叔母

■ 未支給年金の請求方法

請求先	最寄りの年金事務所または街角の年金相談センター
提出書類	未支給年金・未支払給付金請求書（受給権者死亡届）複写式（請求書は、年金事務所の窓口か、日本年金機構のウェブサイトからダウンロードして入手します）
必要なもの	・故人の年金証書（添えることが出来ないときは年金受給権者死亡届〈報告書〉に事由を記入） ・死亡の事実を明らかにできる書類（戸籍証明書、死亡診断書（コピー可）、住民票等） ・故人と請求者との身分関係を証明できる書類（市区町村長の証明書、戸籍証明書、法定相続情報一覧図の写し等（住民票は不可）） ・故人の住民票（除票）と請求者の世帯全員の住民票等 ・受け取りを希望する金融機関の通帳（コピー可） ・亡くなった方と請求する方が別世帯の場合は「生計同一についての別紙の様式」　など

※（コピー可）とあるもの以外は原本を添付して下さい。

■ 未支給年金・未支払給付金請求書の書き方

故人について記入します。故人が複数の年金を受けていた場合はすべての年金コードを記入して下さい。

請求される方について記入します。本人が記入する場合は、押印不要です。

亡くなった方と請求される方が別世帯の場合は、「生計同一についての別紙の様式」が必要になります。

2枚目が「年金受給権者死亡届（報告書）」になっています。死亡届のみ提出される場合は2枚目、3枚目を記入します。

亡くなった当時、生計を同じくしていた方の有無について、該当する方に○をつけます。

83

■ 年金受給権者死亡届（報告書）の書き方

故人について記入します。
故人が複数の年金を受けていた場合はすべての年金コードを記入して下さい。

届出される方について記入します。
本人が記入する場合は、押印不要です。

年金証書を添付できない場合は、いずれかに○をつけます。
その他の○をつけた場合は、添付できない具体的な理由を記入します。

死亡届のみを提出される方の添付書類は、住民票除票・戸籍証明書・死亡診断書（コピー可）などのいずれかです。

ポイントメモ　**もらい忘れた年金がないか確認しましょう**・・・・・

　複雑な年金制度の変遷や基礎年金番号の未統合により、亡くなった本人も知らない「もらえるはずなのにもらっていない年金」が残っている場合があります。亡くなった月の未支給年金を請求するときは、同時に、亡くなった方の職歴（社名が変わっていたり、既に会社がなくなってしまっていたりするときは会社があった場所）、旧姓など、わかる限りの情報を収集して年金事務所等の窓口に確認してみましょう。取りこぼしの年金が見つかった場合は、時効の過去5年分までの支払いだけでなく、時効特例分（5年超）を含む部分も支払われます。

03 遺族年金を請求しましょう

遺族年金は残された家族のための年金制度です。要件に該当しているかどうかしっかり確認しましょう。

時効5年

　亡くなった方がどの年金に加入・受給していたか、遺族年金を受けられる遺族は誰なのか、遺族に該当した場合には遺族年金をいくらもらえるのかを確認しましょう。

前提要件

　亡くなった方が加入・受給されていた年金により、遺族の範囲は異なります。遺族年金は「養ってくれていた大黒柱が亡くなって残された家族が路頭に迷わないようにするため」のお金でもあるので、遺族年金（一時金を含む）をもらえる遺族の範囲は亡くなった方に生計を維持されていたことが前提です。

「生計を維持されていた」とは？

　「生計を維持されていた」とは、死亡当時、亡くなった方と生計を同一にしていた方で、年収850万円を将来にわたって得られない方のことをいいます。ただし、死亡当時に年収が850万円以上であっても、おおむね5年以内に年収が850万円未満になると認められる方は遺族年金の対象者になります。

年金額と受給期間

　遺族基礎年金、遺族厚生年金の額は、物価や賃金などの変動に応じ毎年見直しが行われるため変更になる場合があります。
　また、一度決定したら年金はずっともらえるというわけではなく、支給停止や受給資格を喪失する要件があります。

支給停止　P92

第3章　遺族年金等の手続

85

遺族年金チャート ～もらえる遺族年金を確認しましょう～

ここからはじめて下さい。

亡くなった方に生計を維持されていましたか。　→ いいえ → 該当なし

はい↓

亡くなった方は厚生年金に加入していた期間がありますか。　いいえ（自営業等）→

はい↓

故人が次のいずれかに該当しますか。

①厚生年金に加入して在職中だった。

②退職していたが、①の時の病気等が原因で初診日から5年以内に死亡した。

③障害年金（1級、2級）を受けることができた。

④老齢厚生年金の受給資格期間を満たしていた。

いいえ →

はい↓

残された方が次のいずれかに該当しますか。

①妻、18歳の年度末までの子、20歳未満で1級または2級の障害を持つ子、55歳以上の夫。

②55歳以上の父母、祖父母、18歳未満の孫。

いいえ → 該当なし

はい↓

遺族基礎年金　P88　＋　遺族厚生年金　P89

残された妻の年齢によって加算あり　P98

遺族厚生年金は遺族基礎年金に上乗せして支給されます。

確認
しましょう

故人が次のいずれかに該当しますか。

①国民年金に加入中に死亡した。

②国民年金に加入していた60歳以上65歳未満の日本在住者。

③老齢基礎年金の受給権者もしくは受給資格期間を満たしていた。

→ いいえ → 該当なし

はい ↓

18歳の年度末までの子、20歳未満で1級または2級の障害を持つ子がいる妻または夫。

→ いいえ →

国民年金を納付した期間（免除期間含む）が10年以上ある夫が年金をもらわずに死亡した。
など

はい ↓

遺族基礎年金 P88

はい ↓ いいえ

亡くなった夫と10年以上継続して婚姻期間がある65歳未満の妻で、自身の年金をもらっていない。

国民年金を3年以上納付していた方が、老齢基礎年金、障害基礎年金の両方をもらわずに死亡した。

はい ↓ いいえ

寡婦年金 P96

該当なし

はい ↓ いいえ

死亡一時金 P96

該当なし

※年金は他にも細かい要件がありますので、詳細は年金事務所にお問い合せ下さい。

第3章 遺族年金等の手続

87

「遺族基礎年金」を受け取れる方

遺族基礎年金は、国民年金に加入している人（またはしていた人）が亡くなったときに、亡くなった方によって生計を維持されていた子のいる妻や夫、または子に支給されます。遺族基礎年金を受け取れるかは、86〜87ページで確認して下さい。

■ 遺族基礎年金における亡くなった方についての要件

①被保険者（※１）
②60歳以上65歳未満で日本国内に住所を有する被保険者（※１）
③老齢基礎年金の受給権者だった、または老齢基礎年金の受給資格期間を満たしていた（※２）

※１：①②は死亡日の属する月の前々月までの被保険者期間があるときは、その期間のうち保険料納付済み期間（厚生年金保険の被保険者期間、共済組合の組合員期間、保険料免除期間を含む）が３分の２以上あることが必要です。なお、死亡日が令和８年４月１日前の場合、65歳未満であれば死亡月の前々月までの1年間に保険料の未納がなければ受けられます。
※２：③は期間短縮（受給資格期間が25年から10年に短縮）の対象にはならず25年のままのため、期間短縮により老齢年金が受給できても、その方が死亡した場合に遺族基礎年金は受給できません（特例あり）。

■ 遺族基礎年金を受け取れる遺族の範囲

子（※３）のある妻、子（※３）のある夫（※４）、または子（※３）

※３：子は結婚をしていないこと、かつ18歳の誕生日の属する年度末まで、もしくは20歳未満で障害（１級・２級）があることが要件です。
※４：「子のある夫」は、平成26年４月以降に死亡した方の遺族年金が対象です。

遺族基礎年金の額（年額） （令和６年４月現在）

・子のある配偶者が受け取るとき　816,000円（※５）＋子の加算額（※６）
・子が受け取るとき　816,000円（※５）＋２人目以降の子の加算額（※６）
（上記の額を子の数で割った額が、１人あたりの額となります。）

※５：老齢基礎年金の満額受給の場合。10年以上25年未満の場合は減額されます。
※６：１人目および２人目の子の加算額は234,800円、３人目以降の子の加算額は１人あたり78,300円です。

「遺族厚生年金」を受け取れる方

　86〜87ページの遺族年金チャートで「遺族厚生年金」に該当する方は、厚生年金に加入している人（またはしていた人）が死亡したときなどの支給要件に該当していれば、遺族基礎年金と併せて**遺族厚生年金**を受け取ることができます。

■ 遺族厚生年金における亡くなった方についての要件

①被保険者（※１）または被保険者期間中の病気やケガが原因で初診日から５年以内に死亡したとき（※２）
②１級・２級の障害厚生年金の受給権者
③老齢厚生年金の受給権者だった、または老齢厚生年金の受給資格期間を満たしていた（※３）

※１：①は死亡日の属する月の前々月までの被保険者期間のうち、国民年金の保険料納付済み期間（厚生年金保険の被保険者期間、共済組合の組合員期間、保険料免除期間を含む）が３分の２以上あることが必要です。なお、死亡日が令和８年４月１日前の場合、65歳未満であれば死亡月の前々月までの1年間に保険料の未納がなければ受けられます。
※２：亡くなったときに受給権がなくても、亡くなった後、さかのぼって障害年金の受給権が認められる場合があります。亡くなった方に障害があった場合は年金事務所に確認をしましょう。
※３：③は期間短縮（受給資格期間が25年から10年に短縮）の対象にはならず25年のままのため、期間短縮により老齢年金が受給できても、その方が死亡した場合に遺族厚生年金は受給できません（特例あり）。

■ 遺族厚生年金を受け取れる遺族の範囲

①妻（※５）、子（※４）、55歳以上（※６）の夫
②55歳以上（※６）の父母
③孫
④55歳以上（※６）の祖父母

> 遺族厚生年金（厚生年金）の受給順位は、
> ①→②→③→④の順番です。

※４：子は結婚をしていないこと、かつ18歳の誕生日の属する年度末までもしくは20歳未満で障害（１級・２級）があることが要件です。
※５：子のない30歳未満の妻への給付期間は５年間までです。
※６：55歳以上とあるものは、実際の支給開始は60歳になってからです。夫は遺族基礎年金を受給中であれば、55歳未満であっても遺族厚生（共済）年金を併せて受給できます。

89

遺族厚生年金の額（年額）

遺族基礎年金のように定額ではなく、遺族厚生年金は亡くなった方の老齢厚生年金の報酬比例部分の年金額の４分の３になります。

老齢厚生年金の報酬比例部分は、納付した保険料額の算出基礎となる報酬（月）額と納付月数のほか、いくつかの条件により決定されます。

亡くなった方の収入によって額が異なりますので、年金事務所やねんきんダイヤルで確認してみましょう。 ねんきんダイヤル　P79

■ 遺族基礎年金と遺族厚生年金の請求方法

請求先	遺族基礎年金	遺族基礎年金のみに該当する場合は、お住まいの市区町村へ、それ以外の場合は最寄りの年金事務所へ*
	遺族厚生年金	
提出書類	年金請求書（国民年金・厚生年金保険遺族給付） （請求書は、年金事務所の窓口か、日本年金機構のウェブサイトからダウンロードして入手します）　　P93～95	
必要なもの	◎故人と請求者、両方について必要なもの ・年金手帳 ・年金証書・恩給証書（受給権あるものすべて） ・戸籍全部事項証明書（死亡された日以降のもの） ◎その他必要なもの ・健康保険証（請求者の本人確認のため） ・世帯全員の住民票の写し（生計維持証明） ・故人の住民票の除票（世帯全員の住民票に含まれている場合は不要） ・死亡診断書のコピー ・請求者の収入が確認できる書類（所得証明書、課税（非課税）証明書、源泉徴収票等） ・在学証明書または学生証等（義務教育終了前は不要） ・請求人の預金通帳または貯金通帳と印鑑（認印可）など	
請求者	給付対象の遺族	

※国民年金のみの加入期間しかないときでも、遺族要件を確認するため市区町村の窓口ではなく、まずは年金事務所に提出する場合もあります。

＊遺族厚生年金受給者で遺族基礎年金の受給資格を持っている人は遺族厚生年金と遺族基礎年金の両方がもらえます。

選択と併給

　年金は**1人1年金**が原則です。遺族年金（遺族基礎年金と遺族厚生年金は1つとみなされます）を受け取っているときに他の年金を受け取ることができる場合には、どちらかの年金を選んで受け取ることになります（選択）。

　ただし、2つ以上の年金が受け取れる場合があります（併給）。以下に代表的な選択・併給について挙げますので、確認をしておきましょう。

■ 選択しなければならない代表的なケース

①遺族基礎（厚生）年金と障害厚生年金

②遺族基礎（厚生）年金と旧厚生年金の遺族年金

③遺族基礎（厚生）年金（65歳前）と特別支給の老齢厚生年金

■ 2つ以上の年金を受け取れる特例の代表的なケース（65歳以上の受給権者に限ります）

遺族厚生年金と老齢基礎年金
　（ただし「遺族基礎年金」と「老齢基礎年金」は選択）

遺族厚生年金と障害基礎年金
　（ただし「遺族基礎年金」と「障害基礎年金」は選択）

遺族厚生年金と老齢厚生年金
　（ただし遺族厚生年金の額と老齢厚生年金の額との差額を遺族厚生年金として支給）

ポイントメモ 2つの年金を受け取ることになったら…………

　2つの年金を受けられるようになった場合には**年金受給選択申出書**の提出が必要になります。これは、現在受けている年金を選択し、そのまま受け続ける場合でも必要となりますので忘れずに提出しましょう。

選択替え

　受給選択によって選択しなかった年金は支給停止扱いとされるだけ
で、受け取る権利自体は残っています。

　もし、選択した一方の年金の権利を失ったり、支給が停止されるよう
な場合、また、支給停止中の年金が選択して受け取っている年金より高
額になった場合などは、新たに**選択替え**をすることで支給停止を解除す
ることができます。

支給停止

　「妻や夫が受給権を有する期間の子に対する遺族基礎年金・遺族厚生
年金」や「生計を同じくするその子の父または母がいるときの子の遺族
基礎年金」は支給停止などの要件があります。

■ 遺族基礎年金と遺族厚生年金の受給権の消滅の要件

受給権者	①死亡したとき ②婚姻したとき（事実婚含む） ③離縁によって亡くなった方との親族関係が終了したとき ④直系血族または直系姻族以外の方の養子となったとき（事実上の養子縁組を含む）
子・孫	⑤18歳の誕生日の属する年度末を過ぎたとき（1級・2級の障害の状態があるときは20歳になったとき）もしくは18歳の誕生日の属する年度末後の20歳未満で障害（1級・2級）に該当しなくなったとき
父母・孫・祖父母	⑥亡くなった方の死亡当時胎児であった子が生まれたとき

■ 年金請求書（国民年金・厚生年金保険遺族給付）の書き方

交通事故など、死亡の原因が第三者の行為による場合は、別途書類が必要です。

必ずご記入ください。

| | 所 | 昭和13年 3 月15日 | 住所 | 豊島区目白6-31-17 |

(2)死亡年月日	(3)死亡の原因である傷病または負傷の名称	(4)傷病または負傷の発生した日
令和6年 7 月23日	脳出血	年 月 日

(5)傷病または負傷の初診日	(6)死亡の原因である傷病または負傷の発生原因	(7)死亡の原因は第三者の行為によりますか。
年 月 日		1. は い ・ 2. いいえ

(8)死亡の原因が第三者の行為により発生したものであるときは、その者の氏名および住所	氏 名	
	住 所	

(9)請求する方は、死亡した方の相続人になれますか。	1. は い ・ 2. いいえ

(10)死亡した方は次の年金制度の被保険者、組合員または加入者となったことがありますか。あるときは番号を○で囲んでください。

1. 国民年金法 　　2. 厚生年金保険法 　　3. 船員保険法（昭和61年4月以後を除く）
4. 廃止前の農林漁業団体職員共済組合法 　　5. 国家公務員共済組合法 　　6. 地方公務員等共済組合法
7. 私立学校教職員組合法 　　8. 旧市町村職員共済組合法 　　9. 地方公務員の退職年金に関する条例 　　10. 恩給法

(11)死亡した方は、(10)欄に示す年金制度から年金を受けていましたか。	1. は い 2. いいえ	受けていたときは、その制度名と年金証書の基礎年金番号および年金コード等をご記入ください。	制 度 名	年金証書の基礎年金番号および年金コード等
			厚生年金	9999-012345-1111

(12)死亡の原因は業務上ですか。	(13)労災保険から給付が受けられますか。	(14)労働基準法による遺族補償が受けられますか。
1. は い ・ 2. いいえ	1. は い ・ 2. いいえ	1. は い ・ 2. いいえ

(15)遺族厚生年金を請求する方は、下の欄の質問にお答えください。いずれかを○で囲んでください。

ア	死亡した方は、死亡の当時、厚生年金保険の被保険者でしたか。	1. は い ・ 2. いいえ
イ	死亡した方が厚生年金保険（船員保険）の被保険者もしくは共済組合の組合員の資格を喪失した後に死亡したときであって、厚生年金保険（船員保険）の被保険者または共済組合の組合員であった間に発した傷病または負傷が原因で、その初診日から5年以内に死亡したものですか。	1. は い ・ 2. いいえ
ウ	死亡した方は、死亡の当時、障害厚生年金（2級以上）または旧厚生年金保険（旧船員保険）の障害年金（2級相当以上）もしくは共済組合の障害年金（2級相当以上）を受けていましたか。	1. は い ・ 2. いいえ
エ	死亡した方は平成29年7月までに老齢厚生年金または旧厚生年金保険（旧船員保険）の老齢年金・通算老齢年金もしくは共済組合の退職給付の年金の受給権者でしたか。	1. は い ・ 2. いいえ
オ	死亡した方は保険料納付済期間、保険料免除期間および合算対象期間を合算した期間	

①アからウのいずれか、またはエもしくはオ
　⇒(16)にお進みください。

②アからウのいずれかに「はい」と答えた方で、
　⇒下の□のうち、希望する欄に☑を付けてく

　□ 年金額が高い方の計算方法での決定を

　□ 指定する計算方法での決定を希望する。
　　⇒右欄のアからウのいずれか、またはエもしくはオを○で囲んでください。

(16)死亡した方が共済組合等に加入したことがあるときは、下の欄の質問にお答えください。

ア	死亡の原因は、公務上の事由によりますか。	1. は い ・ 2. いいえ
イ	請求者は同一事由によって、追加費用対象期間を有することによる共済組合法に基づく遺族給付を受けられますか。	1. は い ・ 2. いいえ

年金を受け取っていた方が亡くなった場合は死亡届が必要です。
また、亡くなった方が受け取るはずであった年金が残っているときは、「未支給年金・未支払給付金請求書」により請求することもできます。

未支給年金　P82

5

94

年金の支給

（1）初回支給

年金請求の手続が終了すると**年金証書・年金決定通知書**が送付され、年金の支給が始まります。**初回の支給は年金証書が送付されてから50日**程度です。

（2）定期支給

偶数月の15日（土・日・祝のときは、直前の平日）に支給されます。ただし初回支給やさかのぼって過去の支払が発生したときは、奇数月に支払われることもあります。

04 遺族基礎年金がもらえないとき

寡婦年金か死亡一時金のどちらかを選択して受給
できる場合があります。 | 時効は寡婦年金5年、死亡一時金2年

　遺族基礎年金の要件に該当しなかった場合でも高齢寡婦（か ふ）に対する所得補償や、納付した保険料が掛け捨てにならないように支給される**寡婦年金と死亡一時金**があります。受給要件を確認してみましょう。

　両方の要件に該当する場合は、**選択**によってどちらか一方を受給することができます（選択しなかった方は受給権を失います）。

■ 寡婦年金を受給できる要件

亡くなった夫が	①国民年金の第1号被保険者として保険料を納めた期間（免除期間を含む）が10年以上である※ ②老齢基礎年金を受けたことがない ③障害基礎年金の受給権者であったことがない
妻	①10年以上継続して婚姻関係にある ②65歳未満である
受給対象者・期間	60～64歳の妻
時効	死亡日の翌日から5年
留意点	以下の点に該当する場合は請求できません。 ・夫が障害基礎年金をもらったことがあるもしくは年金受給権者であった ・妻が繰上げの老齢基礎年金をもらっている

※平成29年8月1日以降に夫が死亡した場合は10年、それ以前に亡くなった場合は25年。

■ 死亡一時金を受給できる要件

亡くなった方が	①国民年金の第1号被保険者として保険料を納めた期間が3年以上である ②老齢基礎年金・障害基礎年金を受けたことがない
受給対象者	生計を同一にしていた配偶者→子→父母→孫→祖父母→兄弟姉妹の順
時効	死亡日の翌日から2年
留意点	亡くなった方が老齢基礎年金、障害基礎年金のいずれかの年金を受給していたときおよび遺族基礎年金を受けることできる方がいるときは請求できません。

■ 寡婦年金・死亡一時金の請求方法

請求先	故人の最後の住所地の市区町村役場の窓口または最寄りの年金事務所等	
提出書類	国民年金寡婦年金裁定請求書・死亡一時金裁定請求書	
必要なもの※	・故人の年金手帳 ・故人と請求者の関係がわかる戸籍証明書 ・世帯全員の住民票の写し ・故人の住民票の除票（世帯全員の住民票に含まれている場合は不要） ・請求者の収入が確認できる書類（所得証明書、課税（非課税）証明書、源泉徴収票等） ・年金証書（公的年金から年金を受けているとき） ・請求人の預金通帳または貯金通帳と印鑑（認印可）　など	
請求できる人	寡婦年金	故人の妻
	死亡一時金	配偶者→子→父母→孫→祖父母→兄弟姉妹

※市区町村や請求者によって提出すべき添付書類は異なることがあります。

受給できる額

　寡婦年金の額は夫の死亡した日の前日までの第1号被保険者としての被保険者期間について、老齢基礎年金の計算方法により計算した額の4分の3です。

　死亡一時金の額は、保険料納付済み期間の長さにより12万～32万円です。なお、付加年金を3年以上納付していた場合は8,500円が死亡一時金に加算されます。

■ 死亡一時金の受給額（一括）

（令和6年4月現在）

保険料納付月	金　　額
36月以上 180月未満	120,000円
180月以上 240月未満	145,000円
240月以上 300月未満	170,000円
300月以上 360月未満	220,000円
360月以上 420月未満	270,000円
420月以上	320,000円

05 遺族厚生年金に加算される給付があるとき

18歳までの子がいない妻の遺族厚生年金に加算される給付があります。　| すみやかに |

　厚生年金の被保険者であった夫が亡くなった場合、遺族厚生年金の受給要件には該当するけれども遺族基礎年金の支給要件には該当しない妻や、遺族基礎年金の給付が終了した妻に加算される給付があります。

■ 中高齢寡婦加算を受給できる要件

亡くなった夫が	①下記の要件に該当する a．被保険者 b．被保険者期間中の病気やケガが原因で初診日から5年以内に死亡したとき c．1級・2級の障害厚生年金の受給権者 ②老齢厚生年金の受給権者または受給資格期間を満たしている場合、厚生年金の被保険者期間が20年以上ある
妻が	①夫の死亡当時40歳以上65歳未満で子*がいない ②夫の死亡当時40歳未満だったが、40歳に達した当時、子*がいるため遺族基礎年金を受けていた
受給対象者・期間	妻が65歳に達するまで

※18歳の年度末を経過していない子または20歳未満で1級・2級の障害を持つ子。

【子がいない妻】

▼妻が40歳　　▼夫が死亡　　　　　　　　　　▼妻が65歳

遺族厚生（共済）年金

中高齢寡婦加算　｜　老齢基礎年金

【子がいる妻】

▼夫が死亡　▼妻が40歳　　　　　▼子が18歳の年度末　▼妻が65歳

遺族厚生（共済）年金

遺族基礎年金　｜　中高齢寡婦加算　｜　老齢基礎年金

中高齢寡婦加算は支給停止

■ 経過的寡婦加算を受給できる要件

亡くなった夫が	厚生年金の被保険者期間が20年以上（または40歳以降に15年以上）ある
妻が	昭和31年4月1日以前生まれで65歳以上である
受給対象者・期間	65歳に達した妻（遺族厚生年金が支給し続けられる限り加算される）

【子がいない妻】

▼夫が死亡　　　　　　　　　　　▼妻が65歳

遺族厚生（共済）年金

中高齢寡婦加算　｜　経過的寡婦加算 ／ 老齢基礎年金

【子がいる妻】

▼夫が死亡　▼妻が40歳　　▼子が18歳の年度末　　▼妻が65歳

遺族厚生（共済）年金

遺族基礎年金　｜　中高齢寡婦加算　｜　経過的寡婦加算 ／ 老齢基礎年金

受給できる額（年額）

（令和6年4月現在）

（1）中高齢寡婦加算

612,000円が、妻が受ける遺族厚生年金に加算されます。

（2）経過的寡婦加算

$$経過的寡婦加算 ＝ 中高齢寡婦加算 － （老齢基礎年金の満額 × 乗率※）$$
$$（612,000円）$$

※乗率は、昭和2年4月2日から昭和31年4月1日までに生まれた方について、生年月日により12／312から348／480の間で決められています。

06 児童扶養手当を確認しましょう

遺族年金や一時金の要件に当てはまらなくても子がいる場合は確認してみましょう。

すみやかに

配偶者が亡くなってしまった一人親家庭などの子のために、地方自治体から児童扶養手当が支給されます。受給には一定の所得制限があり、遺族年金等を受給している場合はもらえませんが、年金の額が児童扶養手当より低い場合は差額を児童手当としてもらえます（お住まいの市区町村役場で手続が必要です）。所得が低い方や遺族年金の受給要件に該当しない方で子がいる場合には、最後の砦となり生活の安定を支える大切な手当となります。

対象者と所得制限

対象者は、日本国内に住所があって、18歳の誕生日の属する年度末までの子、もしくは20歳未満で障害（1級・2級）のある子を監護している父、母、または父母に代わって子を養育している方です。

受給者（父または母）や生計が同じ扶養義務者の所得が一定以上あるときは、手当の全部または一部の支給が停止されます。

■ 児童扶養手当の所得制限

扶養親族等	受給者の所得		扶養義務者等の所得
	手当の全額が受給できる限度額	手当の一部が受給できる限度額	
0人	49万円	192万円	236万円
1人	87万円	230万円	274万円
2人	125万円	268万円	312万円
3人	163万円	306万円	350万円
それ以上	1人増につき38万円増		

※所得は前年（1～6月に申請した場合は前々年）の額で判断します。扶養人数は、税法上の扶養親族人数です。

■ 児童扶養手当の請求方法

提出先	お住まいの市区町村役場の窓口
必要なもの	・請求書（窓口で入手します） ・請求者と対象児童の戸籍証明書 ・世帯全員の住民票 ・請求者本人名義の通帳と印鑑 ・年金手帳 ・請求者のマイナンバーが確認できるもの ・請求者の身元が確認できるもの　　など

※市区町村によって提出すべき添付書類は異なることがあります。

■ 児童扶養手当の支給額（月額）

（令和6年4月現在）

児童の数	全部支給の手当の額	一部支給の手当の額
1人	44,140円	44,130～10,410円
2人	児童1人の額に 10,420円を加算	所得に応じて月額10,410～ 5,210円を加算
3人目以降	1人増すごとに、 月額6,250円を加算	所得に応じて月額6,240～ 3,130円を加算

　児童扶養手当は、奇数月に年6回、それぞれ支払月の前月までの2か月分が支給されます。また、上記の金額は物価変動等の要因により改正される場合があります。

ポイントメモ　**審査と現況届** ‥‥‥‥‥‥‥‥‥‥‥‥‥‥‥‥

　児童扶養手当は届出だけで支給されるというものではなく、市区町村に認定請求をして受給の審査を受ける必要があります。

　また、毎年8月に現況届の提出が必要です。現況届を2年間続けて提出しないと受給資格を失います。

（1）仕事中に亡くなったとき

遺族年金には**遺族補償年金（給付）**という制度もあります。

サラリーマンなどが働く会社は、**労働者災害補償保険（以下、「労災保険」といいます）**に加入していて、会社が保険料を支払っています。これは仕事中のケガなどに対応する保険で、一般の健康保険とは異なります。仕事中にケガなどをした場合は健康保険を使わず、労災保険を使うことになります。

この労災保険は仕事中の死亡事故などにも補償があります。これが**遺族補償年金**という制度で、対象になるのは労働者の死亡当時、**その人の収入で生計を維持されていた配偶者、子、父母、孫、祖父母、および兄弟姉妹**です。妻以外には細かい支給の要件があります。誰も支給要件に当てはまらない遺族には**遺族補償一時金**が支給される場合があります。

労災事故が起きた場合は、会社が手続をするのが義務ですが、万が一、会社が何もしてくれない場合は、会社の管轄地にある労働基準監督署に問い合わせてみましょう。

（2）失業給付受給中に亡くなったとき

失業保険（手当）を受給していたご家族が亡くなった場合、生計を同じくしていた遺族（配偶者、子、孫、祖父母、兄弟姉妹で1人だけに支給）は、亡くなった前日までの未支給分の失業給付を受け取ることができます。教育訓練給付、高年齢雇用継続給付、育児休業給付を受給していた方が亡くなった場合も同様です。

請求期限は死亡した日の翌日から6か月以内です。該当する場合は、亡くなった方の住所地のハローワークに確認してみましょう。

第4章

遺産相続手続の基本

　亡くなった方の残した財産を引き継ぐ遺産の相続も、とても重要な手続の一つです。相続の手続の中には「いつまでに行わなければならない」という期限があるものがあり、期限を過ぎてしまうとできなくなってしまうものや不利益を受けてしまうものもあります。

　全体の流れを大まかに把握した上で、期限のある手続と自身に該当する手続を、この章で確認しておきましょう。

相続手続の基本を確認しましょう

遺産相続とは？

　遺産相続の手続は、亡くなった方の残した財産を引き継ぐ手続で、誰もがかかわる可能性のある手続です。遺言の有無、相続人、相続財産の内容により取るべき手続が変わってきます。順番に確認していきましょう。

チェック	行う手続	ひと言ポイント	リンク
	相続人の調査・確定	戸籍証明書を取得	P106　P116
	遺言の捜索	自宅等を捜索	P111
	遺言の検認	公正証書遺言以外は確認	P112
	相続財産の調査・確定	相続の方向性を決定	P127
	相続放棄・限定承認	期限と要件に注意	P136
	遺産分割協議（調停・審判）	相続人全員の参加が必要	P140
	所得税の準確定申告	期限に注意	P60
	相続税申告	期限と納税時期に注意	第6章
	各種相続（名義変更等）手続	必要に応じて手続	第5章

遺産（相続財産）と考えられるものとは？

　いわゆる相続財産とされるものには、どのようなものがあるでしょうか。現金や預貯金、株式などの有価証券、不動産、車などのプラスの財産だけではなく、住宅ローンを含む借入金や医療費の未払金などマイナスの財産も相続財産になります。また、特定の者を受取人として指定した生命保険については、法律上は相続財産とされませんが、税務上は相続財産とみなされます。

デジタル遺品　P129　　税法上の相続財産　P187

➕ プラスの相続財産

●現物財産
現金・預貯金
など

●不動産
土地・家屋

●不動産上の権利
賃借権・抵当権
など

●動産
自動車・貴金属・
骨董品・家財家具など

●有価証券
株式・国債・社債・
ゴルフ会員権など

●その他債権
売掛金・貸付金・
損害賠償請求権など

●知的財産権
著作権など

●生命保険金
故人が受取人の
もの

●電話加入権

➖ マイナスの相続財産

●負債
借金・ローン
など

●保証債務
原則として
相続

●損害賠償債務
不法行為・債務不履行など

●公租公課
未納の税金
など

●買掛金
営業上の未払
代金など

相続財産とみなされないもの

●祭祀財産
墓地・仏壇・
位牌・遺骨など

●香典・
　葬儀費用

●その他
故人のみに帰属する権利（一
身専属権）など

●生命保険金
故人以外が
受取人のもの

●死亡退職金・
　葬祭費・
　埋葬料

01 誰が相続人になるか確認しましょう

まずは相続の基本を理解しましょう。
相続できる人というのは法律で定められています。 | すみやかに

ある人について相続が発生したときに**相続人**となる者と、原則的な相続の割合（**法定相続分**）は法律で決められています。具体的には下記のとおりです。

相続放棄 P136

●常に相続人　配偶者

配偶者がいる場合は、各順位の者と一緒に常に相続人となります。

●第1順位　子（子が故人の場合は孫。孫も故人の場合はひ孫）

養子も実子と同じ相続分を有します。配偶者がいる場合の相続分は、配偶者が2分の1、子が2分の1となります。子が2人以上いる場合は、子の相続分を等分します。

●第2順位　直系尊属（父母。父母が故人の場合は祖父母など）

子がいない場合は、直系尊属（父母。父母が故人の場合は祖父母）が相続人となります。養親も実親と同じ相続分を有します。配偶者がいる場合の相続分は、配偶者が3分の2、直系尊属が3分の1となります。

●第3順位　兄弟姉妹（兄弟姉妹が故人の場合は甥、姪）

子も直系尊属もいない場合は、兄弟姉妹が相続人となります。配偶者がいる場合の相続分は、配偶者が4分の3、兄弟姉妹が4分の1となります。半分しか血がつながっていない兄弟姉妹の相続分は、全部血がつながっている兄弟姉妹の2分の1となります。

ポイントメモ　相続欠格と廃除 ・・・・・・・・・・・・・・・・・・・・・・・・・

上記に該当する者でも、被相続人を殺害した者などは自動的に相続分を失います（**相続欠格**）。また、被相続人に虐待を加えていた者などは申立により相続人から**廃除**されることがあります。

相続人が先に亡くなっているときの代襲相続

　第1順位である子が故人より先に死亡している場合は、孫が子に代わって相続します（代襲相続）。孫も先に死亡している場合はひ孫が相続します（再代襲相続）。第3順位である兄弟姉妹が先に死亡している場合は、甥・姪が代襲します。ただし、甥・姪の子は再代襲しません。

■ 相続人と法定相続分

順位	配偶者	配偶者以外の相続人	図
第1順位 子がいる場合 **子** 子が先に死亡している場合は孫、孫も先に死亡している場合はひ孫。	1/2	1/2 ・子が数人いるときは等分。 （例）子が2人の場合は各1/4ずつ	
第2順位 子なし、親ありの場合 **直系尊属**	2/3	1/3 ・親（直系尊属）が数人いるときは等分。	
第3順位 子なし、親なしの場合 **兄弟姉妹** 兄弟姉妹が先に死亡している場合は甥・姪。（甥・姪も先に死亡している場合でも、甥・姪の子は相続人とならない。）	3/4	1/4 ・兄弟姉妹が数人いるときは等分。	

ポイントメモ　相続のパターンで手続の難易度は変わる………

　子や父母が相続人に該当する場合に比べ、兄弟姉妹が相続人になる場合や代襲相続が発生している場合、複数人の相続が発生した場合などは取得が必要な書類が増えるなど、**手続の難易度**が上がります。

亡くなった方には子（養子を含む）がいますか。子が既に亡くなっている場合はその子の子や孫（被相続人の孫・ひ孫）がいますか。

はい

いいえ

亡くなった方には配偶者がいますか。

亡くなった方の父・母はいますか。親が亡くなっている場合は、祖父・祖母などはいますか。

はい

いいえ

はい

いいえ

相続人は配偶者と子（子が亡くなっている場合は孫）

子 1/2　配偶者 1/2

亡くなった方には配偶者がいますか。

亡くなった方には兄弟姉妹がいますか。兄弟姉妹が亡くなっている場合はその子（甥姪）がいますか。

いいえ

いいえ

相続人は子（子が亡くなっている場合は孫）

相続人は父母（父母が亡くなっている場合は祖父母）

亡くなった方には配偶者がいますか。

はい

はい

相続人は配偶者

相続人は配偶者と父母（父母が亡くなっている場合は祖父母）

父母 1/3　配偶者 2/3

はい

いいえ

亡くなった方には配偶者がいますか。

法定相続人はいない。

はい

いいえ

相続人は配偶者と兄弟姉妹（兄弟姉妹が亡くなっている場合はその子である甥姪）

兄弟姉妹 1/4　配偶者 3/4

相続人は兄弟姉妹（兄弟姉妹が亡くなっている場合はその子である甥姪）

■ こんなときはどうなる？ ケース別の相続人

①子と配偶者が相続放棄をした場合

　　子と配偶者が相続放棄した場合、父母が相続人になります。父母も祖父母も死亡している場合、兄弟姉妹が相続人となります。

②前妻の子がいる場合

　　前妻との間に子がいる場合、その子も相続人となり、相続人としての権利を有することになります。

③相続開始後に相続人が亡くなった場合

　　父が亡くなり、遺産分割が済んでいない間に長男が死亡した場合、長男の相続人（長男の妻、子）が父の相続人として権利を有することになります。

④内縁、事実婚などの場合

　　内縁、事実婚の配偶者には法律上の相続分はありません。そのため、遺産を残したい場合は、遺言や生命保険などを活用する必要があります。

109

02 遺言の基本について確認しましょう

遺言は相続の手続に大きな影響を与えます。
まずはその基本を確認しましょう。

できるだけ
すみやかに

亡くなった方が遺言を残していた場合は、原則として遺言の内容に従って相続手続などを行うことになります。　遺言 P232　遺留分 P114

遺言の効果

遺言により、法定相続分とは違う割合で相続をさせたり、相続人以外の者に財産を残したり（**遺贈**）することができます。遺言を実現させる者（**遺言執行者**）を指定することもできます。　法定相続分 P107

■ 代表的な遺言事項（遺言でできること）

1	認知（民法781条2項）
2	廃除・廃除の取消し（民法893条・894条2項）　廃除 P106
3	祭祀財産の承継者の指定（民法897条1項）
4	相続分の指定・指定の委託（民法902条）
5	遺産分割方法の指定・指定の委託（民法908条）
6	遺贈（民法964条）
7	遺言執行者の指定・指定の委託（民法1006条）

遺言の形式

法律上の効果が認められる代表的な方法には、**自筆証書遺言、公正証書遺言、秘密証書遺言**があります。その他に特別方式遺言（一般危急時遺言など）があります。それぞれ法律で定められた要件を満たしていないと具体的な相続手続ができません。公正証書遺言以外の遺言の場合には、原則として、相続開始後、家庭裁判所において**検認**という手続が必要になります。

検認 P112　遺言の方法 P232　自筆証書遺言書保管制度 P236

110

03 遺言があるかどうか探しましょう

遺言の有無により相続の手続は変わります。
ここでは遺言の探し方を確認しましょう。

できるだけ
すみやかに

遺言の存在を知らされていない場合でも、遺言が残されているということは考えられます。自宅や病院、入所していた施設の大切なものを保管していそうな場所などを探してみましょう。貸金庫の契約をしている場合は、貸金庫内に遺言が残されていることもあります。念を入れて確認しましょう。

遺言検索システムの活用

公正証書遺言の形式で遺言を残していた場合は、作成をした**公証役場**に原本が保管されています。昭和64年1月1日以降に作成された公正証書遺言については、最寄りの公証役場に出向き、**遺言検索**を行うことで、遺言があるかどうか確認することができます。

また、令和2年7月10日から開始した**自筆証書遺言書保管制度**によって、法務局に自筆証書遺言を保管した場合は、所定の手続により、法務局に保管された自筆証書遺言があるかどうか確認することができます。

自筆証書遺言書保管制度　P236

■ 公正証書遺言検索の方法

(令和6年4月現在)

手続を行う場所	最寄りの公証役場
手続できる人	相続人、相続人の代理人　など
必要なもの	遺言者の死亡および手続を行う方が相続人であることが確認できる戸籍証明書 本人確認書類（印鑑証明書および実印　など） 代理人の場合は委任状　など　　　戸籍　P116
手数料	検索は無料 （閲覧は200円／1回、謄本は250円／1枚）

※閲覧・謄本の請求は作成した公証役場でのみ可能です。

04 公正証書遺言以外の遺言は検認をしましょう

公正証書遺言以外の遺言の場合は、原則として
家庭裁判所での検認という手続が必要です。

できるだけ
すみやかに

遺言にはいくつかの形式がありますが、①公正証書遺言と、②自筆証書遺言書保管制度を利用した自筆証書遺言以外の形式で遺言が残されていた場合は、家庭裁判所に遺言書を提出して、**検認**という手続をしなければなりません。

自筆証書遺言書保管制度 P236

検認とは、相続人に対して遺言の存在と内容を知らせるとともに、遺言書の形状や状態、日付、署名など検認の日現在における遺言書の**内容を明確**にして、遺言書の**偽造・変造を防止**するための手続です。

検認の手続が終了すると、遺言書に検認済み証明書を添付したものが交付されます。公正証書遺言以外の遺言によって相続の手続を行うには、この検認済み証明書が添付された遺言書が必要になるのです。

■ 検認手続の一般的な流れ

| 遺言書検認の申立 | → | 家庭裁判所から相続人に検認期日通知 | → | 家庭裁判所で相続人が立会い開封・検認 | → | 検認済み証明書申請・検認済み証明書付遺言書を受領 |

■ 遺言書の検認の申立方法

(令和6年4月現在)

検認が必要な遺言	公正証書遺言以外の遺言　　　　　　　　　　　　例外 P236
申立人	遺言書の保管者、遺言書を発見した相続人
申立先	遺言者の最後の住所地の家庭裁判所
必要なもの	申立書（裁判所の窓口か、裁判所のウェブサイトからダウンロードして入手します）、相続関係を証する戸籍（除籍・改製原戸籍）証明書一式　参照 P116　など
手数料	収入印紙800円分、連絡用の郵便切手

※遺言書は検認期日に持参するのが一般的な実務上の取り扱いです。封が閉じられた状態で発見されたものは開封しないようにしましょう。

■ 遺言書の検認申立書の書き方

申立人と遺言者の情報を記入します。

「申立ての趣旨」には、このように検認を求める旨を記入します。

「申立ての理由」には、遺言書の保管の経緯や、遺言者が死亡した年月日などを記入します。

遺言書に封がされている場合は、検認期日に開封します。

ポイントメモ **検認しても使えない遺言がある？**

　検認は裁判所が関与する手続ですが、検認によって遺言の具体的な内容や形式の有効性が判断されるわけではありません。

　そのため、遺言の文言に問題がある場合などには、たとえ検認手続が済んでいても、遺言の効力自体が否定され、実際の相続手続には使用できないという可能性もあります。（この点は自筆証書遺言書保管制度を利用した遺言もほぼ同様です。）頭に入れておきましょう。

05 遺留分について確認しましょう

兄弟姉妹以外の相続人は、相続につき一定の割合
の権利が保障されています。

できるだけ
すみやかに

遺言によって法定相続分とは違う割合で相続人に相続させたり、相続人以外の者に遺贈したりすることができますが、兄弟姉妹以外の法律で定められている相続人には、遺言の内容にかかわらず最低限相続できる権利（**遺留分**）が認められています。具体的には被相続人の財産の2分の1（直系尊属のみが相続人の場合は3分の1）です。 遺言 P232

これらの者は、遺留分を侵害している者に対する請求（**遺留分侵害額請求**）によって上記の相続分に応じた金銭を確保することができます。

一方、遺留分侵害額請求を受けた者が金銭をすぐに準備できない場合は、裁判所に支払期限の猶予を求めることができます。

なお、遺留分侵害額請求は、相続開始および遺留分を侵害する贈与または遺贈のあったことを知ったときから1年経過するか、相続開始のときから10年経過したときは行うことができなくなるので注意が必要です。

■ 遺留分の割合

参考　法定相続分　P107

相続人	遺留分全体の割合	各相続人の遺留分割合	
		配偶者	その他の相続人
配偶者のみ	2分の1	2分の1	—
配偶者と子		4分の1	4分の1を人数で等分
配偶者と親		3分の1	6分の1を人数で等分
配偶者と兄弟姉妹		2分の1	なし
子のみ		—	2分の1を人数で等分
直系尊属のみ	3分の1	—	3分の1を人数で等分
兄弟姉妹のみ	なし	—	なし

■ 遺留分侵害額請求書の書き方一例

遺留分を侵害している者を特定して記入します。

遺留分侵害額請求書

受取人
東京都大田区鵜の木四丁目8番12号
冬平 慎一郎 殿

遺留分侵害額請求権を行使する旨を具体的に記入します。

　被相続人である冬平勇は、令和6年7月23日に死亡しましたが、私はその相続人の一人です。

　被相続人は、遺産の全てを貴殿に対し遺贈するとの遺言を作成していたようですが、その遺言が、私の遺留分を侵害することは明らかです。

　冬平勇の遺産総額は金6,000万円であるところ、冬平勇の相続人は、私の母、兄及び私の3名ですので、私の遺留分は、その8分の1にあたる金750万円となります。

　よって、私は、貴殿に対し、遺留分侵害額請求権を行使して、金750万円の支払いを求めます。

令和6年　9月　3日

遺留分侵害額請求権を行使したことを証明できるように、配達証明つきの内容証明郵便で送付するのがベターです。その場合は、内容証明郵便の方式に従って作成します。

差出人
さいたま市大宮区浅間町四丁目2番32号
被相続人　冬平　勇　相続人　佐藤　裕子

※遺留分侵害額請求の制度は令和元年7月1日以降の相続が対象です。それより前の相続については遺留分減殺請求を行います。

 遺留分の放棄 ・・・・・・・・・・・・・・・・・・・・・・・・・・・・・・・

　遺留分を請求する権利は放棄することもできます。故人の遺言や贈与について理解し、故人の想いを尊重するのであれば、必ずしも権利を行使する必要はありません。

　遺留分は、遺留分侵害額請求をしてはじめて認められるものなので、故人の死後、遺留分を放棄する場合は改めて手続をする必要はありません。

　なお、この遺留分の放棄は、家庭裁判所の許可を得た場合に限り、相続開始前に行うことも可能です。相続開始後と異なり、生前の遺留分の放棄には家庭裁判所での手続が必要な点に留意しましょう。

　ちなみに、相続放棄は相続開始前に行うことはできませんので併せて確認しておきましょう。

相続放棄 P136

06 戸籍から正確な相続人を特定しましょう

正確な相続関係を特定するためには、
戸籍を読み解く作業が必要になります。

できるだけ
すみやかに

　相続の手続や届出を行う際には、相続関係を証明する戸籍証明書の提出が求められることが多いです。相続手続を行う場合には、金融機関や法務局などにおいても、戸籍により正確な相続関係を把握する必要があるためです。ここでは、**相続関係を証する戸籍の集め方やポイント**について確認しましょう。

手続に必要な証明書　P50　　法定相続情報証明制度　P121

（1）戸籍はさかのぼって取得

　亡くなった方の死亡事項の記載ある戸籍（除籍）証明書だけでは、その方の相続関係を証明するのに十分ではありません。戸籍は転籍や法改正、婚姻などにより都度新しくつくられますが、その際に既に抹消された情報は基本的に新しい戸籍に記載されず、相続人全員の確認ができないためです。そのため、相続関係を証明するためには、亡くなった方の一生でつくられた全ての戸籍をさかのぼって順番に取得する必要があります。

（2）相続関係を特定するということ

法律上の相続人　P106

　亡くなった方の戸籍をさかのぼって取得していき、他に相続人がいないことを特定します。兄弟姉妹が相続人となる場合は、両親の戸籍もさかのぼって取得し、他に兄弟姉妹がいないこと（両親に他に子がいないこと）を証明する必要があります。また、相続人の現在の戸籍を取得し、相続開始時点で生存しており、相続の権利があることを証明します。

（3）遺言がある場合

遺言　P232　　検認　P112

　正式な遺言がある場合は、亡くなった方の死亡事項の記載ある戸籍（除籍）証明書と相続人あるいは受遺者であることの証明のみで足りる場合もあります。遺言がある場合は、他に相続人がいないことまで戸籍で証明する必要がなくなるためです。ただし、遺言書の検認などを行う場合は、原則、出生までさかのぼる戸籍や相続人の現在の戸籍が必要になります。

■ 戸籍全部事項証明書のひな型と読み取り方

戸籍がつくられた日や消除された日など、戸籍全体に関する情報がここから確認できます。

全部事項証明書

| 本籍 | 東京都豊島区目白六丁目31番 |
| 氏名 | 冬平　勇 |

戸籍の筆頭者がわかります。

戸籍事項
戸籍改製
【改製日】平成１８年１０月３０日
【改製事由】平成６年法務省令第５１号附則第２条第１項による改製

戸籍に記載されている者
【名】　勇
【生年月日】　昭和１３年３月１５日 [配偶者区分] 夫
【父】　冬平　太吉
【母】　冬平　松子
【続柄】　長男

身分事項
出　生
【出生日】　昭和１３年３月１５日
【出生地】　東京都豊島区
【届出日】　昭和１３年３月１７日
【届出人】　父

婚　姻
【婚姻日】　昭和３９年１１月２２日
【配偶者氏名】　夏林　清子
【従前戸籍】　東京都豊島区西池袋四丁目９番地　冬平　太吉

出生や婚姻、死亡など戸籍に記載されている者についての身分事項などの情報が確認できます。

戸籍に記載されている者
【名】　清子
【生年月日】　昭和１８年１月７日 [配偶者区分] 妻
【父】　夏林　一雄
【母】　夏林　千代子
【続柄】　長女

身分事項
出　生
【出生日】　昭和１８年１月７日
【出生地】　東京都品川区
【届出日】　昭和１８年１月１０日
【届出人】　父

婚　姻
【婚姻日】　昭和３９年１１月２２日
【配偶者氏名】　冬平　勇
【従前戸籍】　東京都品川区上大崎七丁目７番地　夏林　一雄

婚姻前の戸籍に関する情報が確認できます。
結婚によって新しく戸籍がつくられたこと、その日付、結婚前の本籍などがそれぞれ確認できます。

これは、戸籍に記録されている事項の全部を証明した書面である。
令和６年５月２０日　　　　　　　　　　豊島区長　○○○○　豊島区長印

コラム ● 想定していない相続人が出てきたら？

　戸籍を確認した結果、想定外の相続人が見つかる、ということもあります。想定外の相続人であっても、その相続人を除いて手続を進めることは基本的にできません。手紙を送ったり、直接会いに行ったりするなどして状況を説明し、協力してもらう必要があります。場合によっては弁護士などの専門家に依頼する必要が出てくるかもしれません。

遺産分割の無効　P140

戸籍証明書の取得方法

　戸籍全部事項証明書などの戸籍の証明書は、本籍地がある市区町村役場でないと発行ができなかったため、本籍地が遠方にある場合は郵送で請求するなどしなければならなかったのですが、令和6年3月1日から**戸籍の広域交付**が始まり、本籍地以外の市区町村役場でも、戸籍証明書等が取得できるようになりました。戸籍の広域交付制度を利用できる場合は**最寄りの市区町村役場の窓口で証明書がまとめて取得できるように**なったため、今までよりも負担が軽減され、便利になりました。

■ 戸籍証明書等の広域交付

●最寄りの市区町村役場の窓口で戸籍証明書等を請求可能

広域交付制度の利用方法

　利用できるのは本人、配偶者、直系尊属（父母、祖父母など）、直系卑属（子、孫など）の証明書で、兄弟姉妹のものは請求できません。

　請求者本人が、窓口に出向く必要があり、郵送での請求や代理人による請求は認められていません。また、運転免許証やマイナンバーカードなどの顔写真付きの証明書の提示が求められます。

　一部の証明書については発行ができないことや、即日交付は受けられず、交付に日数を要する可能性がある点など、自治体により対応が異なることがあるため、細かい点は請求窓口に確認しましょう。

広域交付制度を利用できない場合

　広域交付制度を利用できない場合は、本籍地の市区町村役場に戸籍証明書等の請求をします。郵送で請求することも可能で、その場合は、市区町村役場のウェブサイトから申請書などをダウンロードすると便利です。手数料は、定額小為替を用意して同封するか、現金書留などにより納付します。クレジットカード決済が利用できる場合もあります。

　請求可能な者を代理して請求する場合は、委任状が必要です。また、請求可能な者であることを証明する書面（対象者との関係が確認できる戸籍証明書など）の提出を求められる場合もあります。

■ 戸籍証明書等の取得方法

（令和6年4月現在）

	広域交付制度を利用	通常の取得方法
取得する理由	相続が発生したことなどを証明するため	
取得できる人	本人、配偶者、直系尊属、直系卑属	
	兄弟姉妹や代理人による請求は不可	兄弟姉妹、代理人（要委任状）など
取得できる窓口	最寄りの市区町村役場（郵送不可）	本籍地のある（あった）市区町村役場（郵送可）
必要な費用	除籍証明書、改製原戸籍証明書　1通750円※ 戸籍証明書　1通450円※	
必要なもの（他の書類が必要になる場合あり）	身分証明書（顔写真付が必須）	身分証明書 郵送の場合は定額小為替と返信用封筒（切手） 代理の場合は委任状
	申請書（窓口か、市区町村役場のウェブサイトからダウンロードして入手します）　など	

※市区町村により異なる場合があります。

119

具体的な戸籍のたどり方

　広域交付制度を利用できない場合は、取得した戸籍から情報を読み取り、必要な戸籍をたどって請求する必要があります。ポイントは、その戸籍がつくられた日（または対象となる者がその戸籍に載せられた日）とその前の戸籍のありかの確認です。「相続手続で使いたいのでこの役所で取得できる証明書等をすべて取得したい」旨を伝え、取得できたら「次はどこで取得したらいいか」を窓口の方に確認してみるとよいでしょう。

■ 戸籍をたどる作業のポイント

従前の戸籍に関する内容（戸主、本籍など）が確認できます。

戸籍がつくられた原因と年月日、従前の本籍を確認できます。

コラム ● 戸籍がつながらない場合

　戦災による消失や保存期間の経過による廃棄などにより、古い除籍の証明書や改製原戸籍の証明書が取得できないことがあります。そうすると、相続関係を特定する証明が一部不足することになります。

　このような場合は、それぞれの手続を行う先に対応方法を確認しましょう。追加で何らかの書類の提出を求められる可能性があります。

120

確認しておきましょう ▶ 法定相続情報証明制度

相続手続に役立つ「法定相続情報証明制度」のことを
知っておきましょう。

　相続の手続や届出などで提出を求められる戸籍証明書等の相続関係を
証明する書類。手続先・届出先となる法務局や金融機関などでそれぞれ
に調査・確認を行うため、手続や届出を行いたい窓口ごとにその都度書
類を一式提出しなければならない、というのがこれまでの取り扱いでした。

　確認が終わると原本を戻してくれる窓口も多いのですが、戻してもら
えない場合には同じものを取得しなければならなかったり、あらかじめ
同じものを何通も取得しておかなければならなかったりというのが手続
や届出を行う人にとって負担となっていました。　　　原本の還付　P51

　また、法務局や金融機関などがそれぞれ提出された戸籍を一からすべ
てチェックする状況が各窓口においても負担となり、手続完了までに時
間がかかる原因の一つにもなっていました。

　このような負担を軽減することなどを目的として、平成29年5月29日
から法定相続情報証明制度が始まりました。

　ここで、法定相続情報証明制度について確認しておきましょう。

■ 法定相続情報証明制度の概要

●制度を利用しない場合

●制度を利用する場合

■ 法律上の相続人に関する情報を1通に

戸籍関係の書類を一式そろえて、法定相続情報一覧図を作成し、必要事項を記載した申出書によって法務局に申出を行います。

法務局の確認が完了すると、**認証文のついた法定相続情報一覧図の写し**が交付されます。

この認証文のついた法定相続情報一覧図の写しがあれば、各種相続手続において戸籍関係の書類一式の代わりに使用できるようになります。

金融機関などにおいても負担が軽減されるもので、最近は必要書類の案内に記載されることも増えてきましたが、念のため手続を行う金融機関などに使用方法についてあらかじめ確認するようにしましょう。

金融機関での手続　P156

■ 法定相続情報一覧図の写しの取得方法

申出できる人	被相続人の相続人、資格者代理人（弁護士、司法書士、土地家屋調査士、税理士、社会保険労務士、弁理士、海事代理士および行政書士）、委任を受けた親族
申出できる法務局 （いずれか）	①被相続人の本籍地 ②被相続人の最後の住所地 ③申出人の住所地 ④被相続人名義の不動産の所在地
申出に必要な費用	無料（戸籍証明書の取得にかかる費用は除く）
必要なもの （他の書類が必要に なる場合あり）	申出書（法務局の窓口か、法務局のウェブサイトからダウンロードして入手します）、法定相続情報一覧図 相続関係を証する戸籍関係の書類一式　**参照　P116** 被相続人の住民票の除票、申出人の本人確認書類 郵送で申出を行う場合は返信用封筒　など

■ 法定相続情報一覧図の交付の申出書の書き方

法定相続情報一覧図の保管及び交付の申出書

（補完年月日 令和　年　月　日）

申出年月日	令和 6 年 9 月 29 日	法定相続情報番号　-　-
被相続人の表示	氏　名　冬平　勇 最後の住所　東京都豊島区目白六丁目31番17号 生年月日　昭和13年3月15日 死亡年月日　令和6年7月23日	
申出人の表示	住所　東京都練馬区旭丘三丁目7番20号 氏名　冬平　浩一 連絡先　　　　　　03 - 0000 - 0000 被相続人との続柄　（　　長男　　）	
代理人の表示	住所（事務所） 氏名　　　　　　　　　㊞ 連絡先　　- 申出人との関係　□法定代理人　□委任による代理人	
利用目的	☑不動産登記　☑預貯金の払戻し　☑相続税の申告 □その他（　　　　　　　　　　　　　　）	
必要な写しの通数・交付方法	4 通（□窓口で受取　☑郵送） ※郵送の場合、送付先は申出人（又は代理人）の表示欄にある住所（事務所）となる。	
被相続人名義の不動産の有無	☑有　　（有の場合、不動産所在事項又は不動産番号を以下に記載する。） □無　　豊島区目白六丁目31番17	
申出先登記所の種別	☑被相続人の本籍地　□被相続人の最後の住所地 □申出人の住所地　　□被相続人名義の不動産の所在地	

上記被相続人の法定相続情報一覧図を別添のとおり提出し、上記通数の一覧図の写しの交付を申出します。交付を受けた一覧図の写しについては、相続手続においてのみ使用し、その他の用途には使用しません。
　申出の日から3か月以内に一覧図の写し及び返却書類を受け取らない場合は、廃棄して差し支えありません。

東京（地方）法務局　　豊島　支局・出張所　　　　　　　　　宛

※受領確認書類(不動産登記規則第247条第6項の規定により返却する書類に限る。)
戸籍（個人）全部事項証明書（　通）、除籍事項証明書（　通）、戸籍謄本（　　通）
除籍謄本（　　通）、改製原戸籍謄本（　通）戸籍の附票の写し（　通）
戸籍の附票の除票の写し（　　通）住民票の写し（　　通）、住民票の除票の写し（　通）

■ 法定相続情報一覧図の作り方

被相続人　冬平勇　法定相続情報

最後の住所　東京都豊島区目白六丁目31番17号
最後の本籍　東京都豊島区目白六丁目31番
出生　昭和13年3月15日
死亡　令和6年7月23日
　（被相続人）
　冬平　勇

住所　東京都豊島区目白六丁目31番17号
出生　昭和18年1月7日
　（妻）
　冬平　清子

住所　東京都練馬区旭丘三丁目7番20号
出生　昭和44年2月5日
　（長男）
　冬平　浩一　　　　　（申出人）

住所　さいたま市大宮区浅間町四丁
出生　昭和46年8月16日
　（長女）
　佐藤　裕子

作成日：令和6年8月25日
作成者：住所　東京都練馬区旭丘三丁目7番20号
　　　　氏名　冬平　浩一

> 相続人の住所は任意です。記載する場合は、住民票の写し等にあるとおり記載し、その住民票の写し等を提出します。

> 申出人となる相続人には「申出人」と併記します。

> 作成者の住所・氏名を記載します。

・下から5センチの範囲に認証文が付されるので、その範囲には記載をしないで下さい。
・上のような関係図の形にせず、被相続人・相続人を列挙する形式でもOKです。
・手書きでも、明瞭に判読できるものならば可とされます。
・（上記は横長になっていますが）A4サイズの丈夫な白い用紙を縦長に置いて作成します。

■ 法定相続情報一覧図の写しの見本

一覧図は、法務局において唯一の番号により保管・管理されます。

法定相続情報番号 1234-56-78901

被相続人　冬平勇　法定相続情報

最後の住所　東京都豊島区目白六丁目31番17号
最後の本籍　東京都豊島区目白六丁目31番
出生　昭和13年3月15日
死亡　令和6年7月23日
（被相続人）
冬　平　勇

住所　東京都練馬区旭丘三丁目7番20号
出生　昭和44年2月5日
（長男）
冬　平　浩　一　　　　　　　（申出人）

住所　東京都豊島区目白六丁目31番17号
出生　昭和18年1月7日
（妻）
冬　平　清　子

住所　さいたま市大宮区浅間町四丁目2番32号
出生　昭和46年8月16日
（長女）
佐　藤　裕　子

申出日を含んだ認証文、一覧図の写しの発行日、登記所名等、登記官印、注意事項が印字されます。

作成日：令和6年8月25日
作成者：住所　東京都練馬区旭丘三丁目7番20号
　　　　氏名　冬　平　浩　一

これは、令和6年9月29日に申出のあった当局保管に係る法定相続情報一覧図の写しである。
令和6年10月31日
東京法務局豊島出張所

登記官　　　　　豊島太郎

東京法務局
豊島出張所
登記官之印

注）本書面は、提出された戸籍謄本等の記載に基づくものである。相続放棄に
関しては、本書面に記載されない。また、相続手続以外に利用することはできない。

整理番号S00000　1／1

法定相続情報証明制度の注意点 ‥‥‥‥‥‥‥‥

　法定相続情報は、あくまで戸籍証明書の情報のみから作成されるものであるため、相続放棄に関する事項などは記載されません。

　また、被相続人や相続人が日本国籍を有しないなど、戸籍証明書を提出できない場合には、制度を利用することができません。

　なお、5年間の保管期間中は再交付も可能ですが、個人情報保護などの兼ね合いから再交付の申出ができるのは、原則として当初の申出人に限られ、他の相続人が再交付を希望する場合には、当初の申出人からの委任状が必要です。

● 全員に必要な手続 ●

第4章　遺産相続手続の基本

07 住民票の写し・印鑑証明書を取得したいとき

住民票の写しと印鑑証明書について、
その取得方法を確認しましょう。

必要に応じて

　様々な手続の中で、相続人の印鑑証明書や住民票の写し、亡くなった方の最後の住所地を証明する住民票（除票）の写しを求められることがあります。必要に応じて取得しましょう。

手続に必要な証明書　P50

住民票の写しの取得方法

　住民票の写しは、住所地の市区町村役場に請求します。住民票の写しについても戸籍証明書と同様に、個人情報保護の兼ね合いから取得できる者が制限されています。

戸籍証明書の請求　P118

申請できる人	本人、同一世帯の者、代理人（要本人の委任状）など
取得できる窓口	住民登録している（していた）市区町村役場（郵送可）
取得に必要な費用	市区町村によって異なる
必要なもの （他の書類が必要に なる場合あり）	申請書（窓口か、市区町村役場のウェブサイトからダウンロードして入手します）　身分証明書 郵送の場合は定額小為替と返信用封筒（切手） 代理の場合は委任状　など

コラム ● コンビニエンスストアでの証明書等の自動交付

　マイナンバーカード（または住基カード）を利用して、住民票の写しや印鑑証明書などの証明書をコンビニエンスストア等に設置されている端末から取得できるサービスが、1,200以上の市区町村で提供されています。毎日6時30分から23時まで利用できるので、導入されている市区町村であれば大変便利です。（令和6年3月現在。詳しくはコンビニ交付に関するサイト（https://www.lg-waps.go.jp/）をご確認下さい。）

125

印鑑証明書の取得方法

　遺産相続の手続において、相続人の印鑑証明書（印鑑登録証明書）の提出を求められる場面があります。

　印鑑証明書は、住所地の市区町村役場で請求します。印鑑登録を行った際に発行された印鑑登録証（印鑑カード）を窓口に提出します。

　なお、印鑑証明書を発行してもらうためには印鑑登録を済ませる必要があります。印鑑登録を行っていない場合は、まず印鑑登録を行いましょう。印鑑登録がされた印鑑のことを一般的に**実印**と呼びます。

　実際に各種手続を行う場合に求められる印鑑証明書については、6か月以内のものなど期限を確認されることがほとんどです。二度手間にならないようまとめて取得して準備してもよいですが、印鑑証明書以外の書類についても提出期限には注意しておきましょう。

申請できる人	本人、代理人（本人の印鑑カードが必要）
取得できる窓口	印鑑登録している市区町村役場（郵送不可）
取得に必要な費用	市区町村によって異なる
必要なもの	申請書（窓口にあります） 印鑑カード（印鑑カードがあれば代理の場合も委任状不要）

 海外に居住する者の場合 ･････････････････････

　日本のような印鑑登録の制度がある国というのはほとんどありません。では、相続人の中に日本に住民登録のない者がいるときはどうしたらよいのでしょうか。この場合は実印の押印が求められる書類にその者がサインをして、そのサインについて大使館や領事館、現地の公証人から証明を受けるという方法が一般的です。ただし、サイン証明のみでは足りない場合もありますので、提出先・届出先に確認しましょう。

08 相続手続が必要な財産を探しましょう

大切な方が残した財産。どのようなものが
あるのか、探し方を確認しましょう。

すみやかに

相続手続を行うにあたって、どのような相続財産があるかを調べることは非常に重要です。相続財産全体を把握しなければ間違った手続を選択してしまうことも考えられます。

相続財産　P105

自宅などを探しましょう

本人の自宅を中心に相続財産の資料となりそうなものを探しましょう。まずは自宅の金庫や引き出し、棚、仏壇など、大事なものを保管していそうな場所を探します。貸金庫の契約をしている形跡があれば、貸金庫内に大切な書類が残っている可能性が高いです。なお、貸金庫を契約者以外の者が開ける場合には、戸籍証明書等の提出が求められます。

【相続財産調査の手がかりとなるもの】
・通帳、カード、金融機関の粗品（預貯金、投資信託など）
・権利証、登記事項証明書、売買契約書、納税通知書（不動産など）
・株券、金融機関等からの郵便物（有価証券など）
・借用書、請求書（負債など）、確定申告書の控え

通帳や郵便物がヒントになります

金融機関の通帳があれば、預貯金の存在を確認できますが、それ以外にも、その通帳に記載された具体的な引き落としや入金、振込などの取引明細から株式や投資信託の存在、何らかの返済をしていれば負債の存在なども見つけられる可能性があります。

また、金融機関や証券会社と取引があった場合や生命保険などの契約をしている場合は、何らかの郵便物が届いている可能性があります。

照会の方法

（1）不動産の場合：登記事項証明書、名寄帳など関連資料の取得・閲覧

　本人宛に届いている固定資産税納税通知書、本人が管理していた不動産の権利証（登記識別情報通知）、過去の資料などから、不動産の地番や家屋番号を調べ、法務局で登記事項証明書を取得し不動産の権利関係を確認しましょう。また、名寄帳（なよせちょう）を閲覧することで、原則として同一市区町村内にある故人所有の不動産を確認することができますので、不動産の詳細が不明な場合などは、念のため取得してみましょう。

■ 不動産登記事項証明書の取得方法 （令和6年4月現在）

取得できる場所	法務局（原則として全国どこでも取得できる）	
取得できる人	誰でも可	
提出書類	申請書（法務局の窓口か、法務局のウェブサイトからダウンロードして入手します）	登記事項証明書は不動産の所有者など権利関係が確認できる証明書です。
手数料	1通600円（窓口請求・郵送請求）	

■ 名寄帳の閲覧方法

取得できる場所	市区町村役場（東京23区は都税事務所）
取得できる人	所有者、相続人　など
提出書類	申請書（窓口か、市区町村役場のウェブサイトからダウンロードして入手します）、本人との関係を証する資料、身分証明書　など
手数料	市区町村により異なる

（2）その他の財産の場合：直接問い合わせ

　金融機関や証券会社、保険会社との取引をしていた可能性がある場合は、それぞれ直接連絡をして、取引内容を確認しましょう。借入れなど負債がありそうな場合も直接確認しましょう。なお、残高証明書の請求など取引内容を確認する場合には、戸籍証明書等の提出が求められます。

戸籍証明書の請求　P118　　各種照会の方法　P156

確認して
おきましょう ▶ **デジタル遺品・デジタル遺産のこと**

スマホやパソコンなどに残る「デジタル遺品・デジタル遺産」
について確認しましょう。

多くの人がパソコンやスマホを保有する時代になり、**パソコンやスマ
ホで管理、保存する財産**について、本人が亡くなった後にどのように取
り扱えばよいかを考えなければならなくなってきました。

金融機関もペーパーレス化を進めており、紙の通帳が発行されないこ
とも増えました。**ネット銀行やネット証券など**に口座を開設している場
合は、相続手続に際して、情報を早急に把握したいところです。

銀行 P156　証券 P162

各種ポイントやマイル、プリペイド形式の電子マネー、ＱＲコード決
済なども、残高があれば相続手続の対象になります。電子マネー P58

パソコンやスマホに保存された**写真や文書、ブログやＳＮＳ、ホーム
ページのデータやアカウントなど**も含め、これらのものがデジタル遺
品・デジタル遺産と呼ばれています。SNSアカウント P59

■ デジタル遺品・デジタル遺産の種類

オンライン上の遺産・遺品	機器に保存済のデータなど （オフラインのもの）
ネット銀行の預金 ネット証券の投資商品 仮想通貨 ネット保険 電子マネー 各種ポイントやマイル メールやチャット アフェリエイト アカウント情報	著作物 名簿 個人や仕事のファイル 写真・動画・音楽 NFT アカウント情報 メールやチャット

パソコン・スマホへのアクセスとパスワード

　共通で使用しているパソコンや、本人から**パスワード**などを伝えられていればスマホについても、メールや各種ファイル、ブックマークなどから必要な情報を確認していくことができます。

　相続手続の観点では、例えば**ネット銀行やネット証券の口座**があれば、預貯金や株式などは相続財産として遺産分割の対象になります。

　暗号資産やNFTなど、新しい技術を活用した資産的な価値を持つモノも生まれ、個別に手続が必要になるデジタル遺品の種類は今後増えていく可能性が高いと思われます。　　`相続財産 P105`　`相続手続 第5章`

取り扱いが難しい様々な情報

　そもそも、ロックやパスワードを解除できない場合、専門の業者などに依頼をすることも考えられますが、費用が高額になる可能性があることと、依頼しても解除できないことがある点には注意が必要です。

　また、亡くなった方が見られたくなかったであろう写真や文書などのデータを、残された家族が確認してもよいかという点については、法的な問題だけではなく、**故人の尊厳**との兼ね合いもありますので、取り扱いについて少し慎重に行う必要があります。

生前のコミュニケーションが重要

　デジタル遺品を整理するサービスを提供する業者もありますが、サービスの永続性なども含め、信頼できる業者か見極めが必要です。

　いざというときに残された家族が困らないよう、パスワードなどの情報はメモに残すなどの形で、それぞれが保管するのが望ましいです。

　ただし、重要な情報なので管理方法には十分注意しましょう。

　　`エンディングノート P239`

09 相続財産をどうするか検討しましょう

相続財産を洗い出したら、整理した上で
取るべき手続を確認しましょう。

できるだけ
すみやかに

相続財産が確定したら、全体を整理しましょう。相続財産の額や負債の有無によって、取るべき手続が変わってきます。それらの手続には期限があるものもありますので、すみやかに確認しましょう。

相続するか放棄するか

相続財産が少なく、負債のほうが大きい場合は、**相続放棄**の手続を検討しましょう。相続放棄を行うと**相続人にならなかったもの**とみなされます。相続放棄を行うと相続財産を受け取る権利を失いますので慎重に判断する必要があります。相続財産があっても一切相続するつもりがなく、関与したくないという方も相続放棄の手続を行うとよいでしょう。

相続人 P106　　相続放棄 P136

申告が必要か否か

相続財産が一定の金額を超える場合などは、税務署への相続税の申告が必要になります。

相続税申告 第6章

 ポイントメモ　相続放棄、相続税申告と期限 ・・・・・・・・・・・・・・・・・・・・・・

相続放棄や相続税申告には期限が定められています。定められた期限を過ぎてしまうと相続放棄はできなくなり、相続税には延滞税などが課せられてしまいます。

相続放棄 P136　　延滞税 P227

相続放棄や相続税申告など期限の定めのある手続が必要と思われる場合には、逆算して相続財産の調査、相続人の調査をすみやかに済ませておく必要があります。

相続財産調査 P127　　相続人の特定 P116

■ 相続の内容による手続チャート（遺言がない場合）

相続放棄 P136

P148

P140

第6章

ポイントメモ **事実婚・内縁の配偶者の場合** ‥‥‥‥‥‥‥‥

　法律上の婚姻関係にない配偶者には、**法律上の相続権がありません。**そのため、亡くなった方が遺言等を残していない場合には、相続財産を受け取る権利がありません。また税金の優遇も受けられません。事実婚・内縁のご夫婦は、法律婚のご夫婦に比べて、相続に備えてしかるべき対策を取っておく必要性が高いといえます。

　なお、すべての相続人が相続放棄するなど、法律上の相続人が存在しない場合は、最終的に相続財産は国庫に帰属します。相続人が存在しない場合、事実婚・内縁の妻などは特別縁故者<ruby>特別縁故者<rt>とくべつえんこしゃ</rt></ruby>として、家庭裁判所に対して相続財産の分与請求を行うことができます。

確認しておきましょう ▶ 相続土地国庫帰属制度

令和5年4月27日に新設された
「相続土地国庫帰属制度」について見ておきましょう。

　使う予定がない、管理にかかる負担が大きいなどの理由で、相続した土地を手放したいというニーズが高まっています。放置される土地が増え、所有者不明の土地が増加してしまうことを予防するため、**相続土地国庫帰属制度**が新設されました。

■ 相続土地国庫帰属制度のイメージ

相続土地国庫帰属制度で引き取ってもらえない土地の要件

　無条件に国庫帰属できるわけではなく、**通常の管理または処分をするにあたり過分の費用または労力を要する土地**は承認申請ができない（申請しても却下される）ものとされています。具体例は下記のとおりです。

> ①建物の存する土地
> ②担保権または使用および収益を目的とする権利が設定されている
> 　土地
> ③通路その他の他人による使用が予定されている土地が含まれる土地
> ④土壌汚染対策法上の特定有害物質により汚染されている土地
> ⑤境界が明らかでない土地その他所有権の存否等に争いがある土地

133

相続土地国庫帰属制度の大まかな流れ

相続土地国庫帰属制度の大まかな流れは下記のとおりです。

（1）事前相談

法務局で、**具体的な事前相談**を受け付けています。相談は**予約制**でインターネットから予約ができます。相談に関しては、管轄法務局以外でも、また、ご家族やご親族でも可能なことになっています。

※法務局手続案内予約サービス　https://www.legal-ab.moj.go.jp/houmu.home-t/

（2）申請書の作成・提出

管轄の法務局本局に、申請書類一式を持参します（郵送でも可）。土地の位置および範囲を明らかにする**図面**や、土地と境界、形状などを明らかにする**写真**、申請者の**印鑑証明書**などを添付します。申請書には審査手数料である**14,000円**の収入印紙を貼付します。

（3）要件審査

申請後、法務局にて書面調査および実地調査が行われます。前ページの却下事由に該当しなくても、下記に該当する場合は**不承認**となります。

---

①過分な費用・労力がかかる**一定の勾配・高さの崖**がある土地

②管理・処分を**阻害する有体物**が地上にある土地

③管理・処分のために**除去を要する有体物**が地下にある土地

④隣接する土地の所有者等との**争訟**によらなければ管理・処分ができない土地

⑤その他、通常の管理・処分にあたって過分な費用・労力がかかる土地

（4）承認・負担金の納付

帰属が承認された場合、期限内に10年分の管理費用相当額の**負担金**(20万円〜) を納付する必要があります。

（5）国庫帰属

■ 相続土地国庫帰属の承認申請書の書き方

1/5

相続土地国庫帰属の承認申請書

令和6年12月20日

東京法務局長　殿

（提出先：東京法務局）

1　承認申請者　氏　名　　冬平　浩一
　　　　　　　　住　所　　東京都練馬区旭丘三丁目7番7号
2　承認申請に係る土地
　　　　　所　在　　東京都八王子市裏高尾町一丁目
　　　　　地　番　　1番1
　　　　　地　目　　宅地
　　　　　地　積　　150.00㎡
3　承認申請に係る土地の所有権登記名義人（又は表題部所有者）
　　　　　氏　名　　冬平　浩一
　　　　　住　所　　東京都練馬区旭丘三丁目7番7号
4　添付書類
（必須書面）
☑（1）承認申請に係る土地の位置及び範囲を明らかにする図面
☑（2）承認申請に係る土地と当該土地に隣接する土地との境界
　　　　点を明らかにする写真
☑（3）承認申請に係る土地の形状を明らかに
☑（4）申請者の印鑑証明書（市区町村作成）

> 法務局ウェブサイト「相続土地国庫帰属制度について」の申請書記載例を参考に作成します。
> ここでは全5ページのうち1ページのみ掲載しています。

＊法務局相談土地国庫帰属制度について　https://www.moj.go.jp/content/001390254.pdf

■ 相続土地国庫帰属制度の申請方法　　　　　　（令和6年4月現在）

申請できる人	相続等で土地の全部または一部を取得した者　など
申請先	土地を管轄する法務局（本局）
申請に必要な費用	審査手数料14,000円（審査手数料は、仮に国庫帰属できない場合も還付はされません。） （＋承認後に土地管理費相当額の負担金）
必要なもの（他の書類が必要になる場合あり）	申請書 土地の位置および範囲を明らかにする図面 土地と境界、形状などを明らかにする写真 申請者の印鑑証明書　など

⑩ 借金を相続したくないとき

たくさんの借金を抱えていた場合、
その借金を相続しないことができます。

3か月以内

相続人は、プラスの財産だけでなく、マイナスの財産も相続することになります。預貯金や不動産などのプラスの財産がほとんど存在せず、多額の借金だけが残ってしまうような場合に、必ず相続しなければならないとすると残された相続人にとっては酷なことになります。そこで、相続人には**相続放棄**という手続が認められています。相続放棄をすることで、その者は最初から相続人ではなかったとみなされるのです。

しかし、適宜の方法で相続放棄ができてしまったり、期限なくいつでも相続放棄ができてしまったりすると、権利関係がいつまでも不安定な状態となってしまい、法的な安定性を保てなくなってしまいます。そのため、法律上手続の要件と期限が定められています。

相続放棄の効果

相続放棄をした者は、その相続に関しては、**はじめから相続人とならなかったものとみなされます**ので、相続財産を一切相続しないことになります。また、代襲相続が認められる欠格や廃除の場合とは違い、たとえ相続放棄をした者に子が存在したとしても、代襲相続は発生しません。

代襲相続　P107　　欠格・廃除　P106

相続放棄の申述

相続放棄をしようとする者は、自己のために相続の開始があったことを知ったときから３か月以内にその旨を家庭裁判所に申述しなければなりません。相続放棄の申述は、被相続人の最後の住所地の家庭裁判所に対して行います。相続人が未成年者や成年被後見人などの場合、原則としてその者の法定代理人が、相続放棄の手続を代理します。

次順位の相続人

先順位の相続人が全員相続放棄をした場合、次の順位の者が相続人になることになります。次の順位の者も相続放棄をしたい場合、同じように家庭裁判所に対して相続放棄の申述を行うことで、はじめから相続人にならなかったものとみなされます。

法定相続人の順位 P106

次の順位の者も相続放棄をするには、定められた期限内に手続を行わなければなりませんので、先順位で相続放棄をした者は、その旨を次の順位の者に教えてあげると親切です。

■ 相続放棄の申述方法

（令和6年4月現在）

申述人	相続人
申述期間	自己のために相続の開始があったことを知ったときから3か月以内
申述先	被相続人の最後の住所地の家庭裁判所
申述費用	収入印紙800円分、連絡用の郵便切手
必要なもの	申述書（裁判所の窓口か、裁判所のウェブサイトからダウンロードして入手します）、被相続人の住民票の除票または戸籍の附票、申述人の戸籍証明書、被相続人の死亡および申述人が相続人であることが確認できる戸籍証明書　など

ポイントメモ 限定承認とは ・・・・・・・・・・・・・・・・・・・・・・・・・・・・・・

限定承認とは、故人が残した相続財産について、プラスの相続財産の範囲内でマイナスの財産を引き継ぐというものです。共同相続人全員で、自己のために相続の開始があったことを知ったときから3か月以内に申述しなければならないとされています。

事案によっては選択したほうがよいこともありますが、手続が若干複雑なため、判断に迷ったときは専門家への相談をおすすめします。

相続放棄申述書の書き方

申述書を提出する裁判所を記入します。

作成年月日を記入します。

裁判所から連絡が取れるよう、正確に記入します。

故人のことについて記入します。

記名押印は必ず自分でします。

平日の日中に連絡のつく番号（携帯電話でも可）を記入します。

受付印

相 続 放 棄 申 述 書

（この欄に収入印紙800円分を貼ってください。）

400 400

印 紙　　　　円
郵便切手　　　円

（貼った印紙

準口頭　　　関連事件番号　平成・令和　　年（家　）第

| 東京 | 家庭裁判所 御中 | 申　述　人（未成年者など）の場合は法定代理人の記名押印 | 冬平 浩一 ㊞ |

令和 6 年 9 月 30 日

（同じ書類は1通で足ります。審理のために必要な場合は、追加書類の提出をお願いすることがあります。）

付書類　☑戸籍（除籍・改製原戸籍）謄本（全部事項証明書）合計　通
　　　　☑被相続人の住民票除票又は戸籍附票
　　　　☐

申述人	本　籍（国　籍）	東京 ㊞都 道 府 県 練馬区旭丘三丁目7番
	住　所	〒 176 - 0005　　電話 03 (0000) 0000　　東京都練馬区旭丘三丁目7番20号（　　　方）
	フリガナ氏　名	フユヒラ コウイチ　冬平 浩一　昭和 平成 44年2月5日生 令和（ 52 歳）　職業 会社員
	被相続人との関係	※　被相続人の……　① 子　2 孫　3 配偶者　4 直系尊属（父母・祖父母）　5 兄弟姉妹　6 おいめい　7 その他（　　）
法定代理人等	※1 親権者 2 後見人 3	住所 〒 　-　　電話 （　　）　（　　方）
		フリガナ氏　名　　　　　フリガナ氏　名
被相続人	本　籍（国　籍）	東京 ㊞都 道 府 県 豊島区目白六丁目31番
	最後の住　所	東京都豊島区目白六丁目31番17号　死亡当時の職業 無職
	フリガナ氏　名	フユヒラ イサム　冬平 勇　平成 令和 6 年 7 月23日死亡

（注）太枠の中だけ記入してください。　※の部分は、当てはまる番号を○で囲み、被相続人との関係欄の7、法定代理人等欄の3を選んだ場合には、具体的に記入してください。

相続放棄 (1/2)

(942080)

138

申　述　の　趣　旨

相　続　の　放　棄　を　す　る　。

亡くなった人が残した財産（負債を含む）について記入します。

申　述　の　理　由

※　相続の開始を知った日………平成・(令和) 6 年 7 月 23 日
　① 被相続人死亡の当日　　　　3 先順位者の相続放棄を知った日
　2 死亡の通知をうけた日　　　4 その他（　　　　　　　　　　　　　　）

放　棄　の　理　由	相　続　財　産　の　概　略

※
1　被相続人から生前に贈与を受けている。

2　生活が安定している。

3　遺産が少ない。

4　遺産を分散させたくない。

⑤　債務超過のため。

6　その他

資

農　地……約　　　　平方メートル　現　金
　　　　　　　　　　　　　　　　預貯金……約 50 万円

山　林……約　　　　平方メートル　有価証券……約　　　万円

宅　地……約　　　　平方メートル

建　物……約　　　　平方メートル

産

負　債……………………約 500 万円

(注)　□の中だけ記入してください。　※の部分は、当てはまる番号を○で囲み、申述の理由欄の4，放棄
　　　の理由欄の6を選んだ場合には、（　　　）内に具体的に記入してください。

1から5に該当しないときにここに理由を記入します。

ポイントメモ 「相続放棄」と相続の順位 ‥‥‥‥‥‥‥‥‥‥‥‥‥‥‥‥

　夫が亡くなり、妻と子が残された場合に、妻がすべての遺産を引き継ぎたいからと、子が家庭裁判所に相続放棄の申述を行って受理されると、どうなるでしょうか。この場合、夫の父母（父母や祖父母が死亡している場合は兄弟姉妹）が相続人として権利を有することになります。

　「相続を放棄する」という言葉が安易に使われることがありますが、**家庭裁判所で行う相続放棄なのか、遺産分割によって相続をしないこと**を想定しているのか、区別して理解しておきましょう。

11 相続財産の分け方を決めましょう

遺言が存在しない場合は、
相続人全員で相続財産の分け方を決めます。

できるだけ
すみやかに

　有効な遺言が存在していて、遺言に相続財産の分け方に関する記載がある場合は、原則として（亡くなった方の最後の意思を尊重した）遺言の記載に従います。ちなみに、遺言が2通以上存在している場合は、内容が相反する部分について、前の遺言が撤回されたものとみなされます。

　遺言が存在しない場合は、原則として相続人全員で遺産の分け方を決めます。これを一般に**遺産分割協議**といいます。なお、相続放棄をした者は、遺産分割協議には参加しません。

相続放棄　P136

遺産分割協議の基本

　遺産分割協議は相続人全員で行う必要があります。必ずしも一つの場所に集まって行う必要はありませんが、行方不明者や未成年者、認知症となった者なども、相続人である以上は関与が必要です。これらの者についてはそれぞれ**不在者財産管理人、親権者または特別代理人、成年後見人**などが本人の代わりに遺産分割協議に参加します。

特殊なケース　P151

　なお、相続人のうち1人でも協議に参加していない者がいる場合、その遺産分割協議は**無効**です。協議が難しい場合は家庭裁判所に**遺産分割調停**を申し立てましょう。

遺産分割調停　P148

相続税申告との兼ね合い

　単純に相続人それぞれの希望により分配する方法もありますが、場合によっては相続税申告および相続税の納税まで考慮した分配を行う必要が出てくる場合もあります。相続税申告が必要な場合は税理士への相談をおすすめします。

相続税申告　第6章

遺産分割の方法

遺産の分け方について、代表的な方法は下記の4つです。留意点と併せて、協議に先立ち確認しましょう。

その他留意点 P145

（1）現物分割

不動産は妻、預金は長男、株式は次男、というように遺産を現物のまま分割する方法

（2）代償分割

例えば、妻が不動産を相続する代償として、他の相続人に代償金を支払うというような方法

（3）換価分割

不動産などの遺産を売却してその代金を分割する方法

（4）共有分割

相続財産を遺産分割協議や法定相続分に応じて共有するという方法

配偶者居住権 P142　法定相続分 P107

確認しておきましょう ▶ 配偶者居住権のこと

令和2年4月1日から新設された
「配偶者居住権」のことをチェックしましょう。

　遺産分割において自宅以外にめぼしい財産がない場合、配偶者が自宅を手放さないといけない状況になることがありました。

　高齢者が増えていく社会において、残された配偶者が、生活の拠点である自宅を居住場所として確保できるようにするという趣旨などから、配偶者居住権が新設されました。

配偶者居住権のイメージ

【前提条件】相続人が妻と子1人。遺産は、自宅（2,000万円）と預貯金（2,000万円）。相続分は妻2分の1（2,000万円）：子2分の1（2,000万円）。

【配偶者居住権が利用できるようになる前】

【配偶者居住権の制度を利用】

※所定の評価方法を用いて算出します。

配偶者居住権が認められるには？

配偶者居住権とは、簡単に言うと、配偶者以外の者が自宅を相続（取得）したとしても、配偶者が終身（または一定期間）その自宅に無償で住むことなどができる権利です。

成立するためには、①配偶者が、相続開始時に亡くなった方が所有する建物に居住していたこと、②亡くなった方がその建物を配偶者以外の方と共有していないこと、③一定の方法で取得すること（遺産分割や遺贈、死因贈与契約など）などの要件を満たさなければなりません。

また、配偶者短期居住権という、遺産分割が終了するまでといった短い期間、配偶者が無償で自宅に居住できる権利も新設されました。

配偶者居住権はどのような権利？

配偶者居住権は、配偶者のみに認められる権利のため、第三者に譲渡することはできず、配偶者の死亡や設定した存続期間の満了、建物の滅失などで権利が自動的に消滅します。

このことにより、次の（配偶者居住権を取得した配偶者の）相続の際、その分が相続財産から外れることになり、結果として相続税の負担が軽くなるということも考えられます。

まだ始まって間もない制度で、利用の可否や相続税申告の際の計算方法、登記など留意点が多いこともあり、配偶者居住権を取得する際は、税理士や司法書士などの専門家に相談することをおすすめします。

 夫婦間の贈与等に関する法改正 ‥‥‥‥‥‥‥‥‥‥

配偶者居住権と同様に、残される配偶者を保護するという観点から、夫婦間の贈与等に関する法改正も行われました。婚姻期間20年以上の夫婦間で居住用の不動産が遺贈または贈与された場合に、原則としてそれらを遺産分割の際に持ち戻して計算する必要がなくなりました。

■ 遺産分割協議書の文案（配偶者居住権の設定）

1．次の建物について、冬平清子は配偶者居住権を取得する。
 （1）所　　　在　豊島区目白六丁目　31番地17
 　　　家屋番号　31番17
 　　　種　　　類　居宅
 　　　構　　　造　木造瓦葺2階建
 　　　床 面 積　1階　48.26㎡　2階　48.26㎡

■ 遺言の文案（配偶者居住権の設定）

遺言 P232

第1条　遺言者は、遺言者の有する次の建物について、無償で使用
　　　　及び収益する権利（配偶者居住権）を、同建物に居住して
　　　　いる遺言者の妻冬平清子（昭和18年1月7日生）に遺贈す
　　　　る。配偶者居住権の存続期間は、妻冬平清子の死亡の時ま
　　　　でとする。

 （1）所　　　在　豊島区目白六丁目　31番地17
 　　　家屋番号　31番17
 　　　種　　　類　居宅
 　　　構　　　造　木造瓦葺2階建
 　　　床 面 積　1階　48.26㎡　2階　48.26㎡

第2条　遺言者は、本件建物（前条の配偶者居住権付きのもの）を
　　　　遺言者の長男冬平勇（昭和44年2月5日生）に相続させる。

⑫ 遺産分割協議書を作成しましょう

協議を行う際の留意点と遺産分割協議書の
作成方法を確認しましょう。

できるだけ
すみやかに

遺産分割協議を行う前に、協議にあたって考慮すべき留意点を確認しましょう。併せて、遺産分割協議書の書き方も確認しましょう。

寄与分

亡くなった方の財産の維持または増加に寄与した者については、相続分算定の際に考慮しましょうというのが寄与分という制度です。通常の扶養義務を超えて亡くなった方の財産の維持または増加に貢献があり、かつ、維持または増加との間に因果関係があることが求められます。

特別受益　　夫婦間の自宅贈与等の優遇 P21・P244

相続人の中で亡くなった方から生前に生活の援助などのために贈与を受けた者がいる場合は、その分（**特別受益**）については相続分算定の際に計算上考慮（**持戻し**）しましょうという定めがあります。寄与分の制度も特別受益の制度も、相続人間の衡平をはかるための制度です。

遺産分割協議書の作成

成立した遺産分割協議によって具体的な相続手続を行う場合には、遺産分割協議書の作成が必要になります。遺産分割協議書には協議の内容を記載し、相続人全員が実印で押印し、印鑑証明書を添付します。

誰が、（相続財産のうち）何を、どのように（取得）するか、という点について、明確に特定することがポイントです。

また、遺産分割協議書が2枚以上になる場合は、つながりを証するために用紙と用紙の間の**契印**を忘れないようにしましょう。

印鑑証明書 P126

145

■ 遺産分割協議書の書き方

遺産分割協議書 1字削除
1字加入

　令和6年7月23日、東京都豊島区目白六丁目31番17号　冬平勇（最後の本籍
東京都豊島区目白六丁目31番）の死亡によって開始した相続の共同相続人で
ある冬平清子、冬平浩一及び佐藤裕子は、本日、その相続財産について、次の
とおり遺産分割の協議を行った。

1．次の遺産は、冬平清子がすべて単独で取得する。
　　（1）所　　　　在　　豊島区目白六丁目
　　　　　地　　　番　　３１番１７
　　　　　地　　　目　　宅地
　　　　　地　　　積　　１２３．４５㎡
　　（2）所　　　　在　　豊島区目白六丁目　３１番地１７
　　　　　家屋番号　　３１番１７
　　　　　種　　　類　　居宅
　　　　　構　　　造　　木造瓦葺２階建
　　　　　床面積　　　１階　４８．２６㎡　　２階　４８．２６㎡

2．次の遺産は、冬平浩一がすべて単独で取得する。
　　　　春夏銀行目白支店　普通預金　口座番号９８７６５４３　金１００万円
　　　　豊島信用金庫本店　定期預金　口座番号１３５７９２４　金２００万円

　本遺産分割協議の成立を証するため、本協議書を参³通作成し、署名捺印のう
え各自1通を保有する。

令和6年9月9日

> 相続人全員で実印を押印。
> 印鑑証明書を添付。

　　　　　　　　　住所　　東京都豊島区目白六丁目３１番１７号
　　　　　　　　　　　　　氏名　　冬平　清子
　　　　　　　　　住所　　東京都練馬区旭丘三丁目７番２０号
　　　　　　　　　　　　　氏名　　冬平　浩一
　　　　　　　　　住所　　さいたま市大宮区浅間町四丁目２番３２号
　　　　　　　　　　　　　氏名　　佐藤　裕子

146

遺産分割協議書作成の注意点

（1）被相続人の特定

被相続人の情報は、氏名、死亡日、最後の本籍、最後の住所などで特定します。

（2）相続財産の特定

不動産については、登記事項証明書のとおりに、所在、地番、家屋番号などを、預貯金については、残高証明書や通帳の記載を参考に、銀行名や支店名、預金の種類、口座番号などを正確に記載しましょう。

不動産の地番や家屋番号は、住所とは違う番号が付されていることが多いため、登記事項証明書を確認しないで作成すると、実際の登記手続では使用できず、訂正や再作成を求められることもあるので注意しましょう。

不動産登記事項証明書　P128

（3）誤字・脱字の訂正方法

誤字脱字が見つかった場合は、作成し直すか、印鑑を使って正しい方法で訂正をします。訂正箇所に二重線を引き、二重線を引いた箇所に直接訂正印を押し、そのすぐ上か下に正しい記載をする方法と、欄外に訂正印を押し、「○字削除　○字加入」などと記載する方法があります。

 協議書作成後に新たな遺産が見つかったら？‥‥

遺産分割協議書を作成した後に、新たな遺産が見つかったり、遺産分割協議書への記載が漏れていた遺産が発覚することがあります。

そのような財産が見つかったときの分け方を遺産分割協議書の作成時点で決められる場合には、「この協議書に記載のない遺産や後日判明した遺産については、○○○○がすべて取得する」というような記載をしておくと、遺産分割協議書を改めて作成せずに済みます。

⑬ 遺産分割協議がまとまらないとき

遺産分割協議が成立しない場合はどのように
相続の手続を進めればよいのでしょうか。

できるだけ
すみやかに

　遺産分割協議は相続人全員で行う必要があり、1人でも合意しない者がいる場合は協議が成立しません。そのような場合には管轄の家庭裁判所に**遺産分割調停**を申し立てることができます。

　調停手続では、裁判官と調停委員が各当事者から事情を聴取し、必要な資料を提示させ、遺産について鑑定を行うなどして、各当事者の希望を踏まえて解決のために合意を目指す話し合いを行います。

■ 遺産分割調停の方法

(令和6年4月現在)

提出先	相手方のうちの1人の住所地の家庭裁判所など
提出できる人	相続人、包括受遺者など
必要なもの	申立書（裁判所の窓口か、裁判所のウェブサイトからダウンロードして入手します）、相続関係を証する戸籍（除籍・改製原戸籍）証明書一式 参照 P116 、相続人全員の住民票または戸籍の附票、遺産に関する証明書 など
手数料	収入印紙1,200円、連絡用の郵便切手

調停が成立しない場合

　話し合いがまとまらず調停が成立しない場合は、自動的に審判手続に移行します。審判手続では、裁判官が遺産に属する物または権利の種類および性質その他一切の事情を考慮して、審判をすることになります。

 調停の長期化 ・・・・・・・・・・・・・・・・・・・・・・・・・・・・・・・

　遺産分割調停は一般的に1か月に1回くらいのペースで期日が開かれます。調停がまとまらなければ次回に…ということになり、短くても半年前後、一般的には1年前後、解決までには時間がかかるといわれています。相続税申告が必要な場合は注意しましょう。 相続税申告の期限 P213

遺産分割調停申立書の書き方

この申立書の写しは，法律の定めるところにより，申立ての内容を知らせるため，相手方に送付されます。

> 調停にチェックを入れます。最初から審判を申し立てることもできますが，調停からはじめるのが一般的です。

受付印

☑ 調停
□ 審判　　申立書

（この欄に申立て1件あたり収入印紙1,200円分を貼ってください。）

| 400 | 400 | 400 |

（貼った印紙に押印しないでください。）

| 収入印紙 | 円 |
| 予納郵便切手 | 円 |

| 東京 家庭裁判所 御中 令和 6 年 8 月 31 日 | 申　立　人 （又は法定代理人など） の 記名押印 | 冬平 浩一 ㊞ |

準 □ 頭

（審理のために必要な場合は，追加書類の提出をお願いすることがあります。）

添付書類
☑ 戸籍（除籍・改製原戸籍）謄本（全部事項証明書）合計 4 通
☑ 住民票又は戸籍附票 合計 3 通　　□ 不動産登記事項証明書 合計　　通
☑ 固定資産評価証明書 合計 2 通　　□ 預貯金通帳写し又は残高証明書 合計
□ 有価証券写し 合計　　通　　□

> 被相続人を氏名、死亡日、最後の本籍、住所で特定します。

| 当　事　者 | 別紙当事者目録記載のとおり |

| 被相続人 | 最後の住所 | 東京 ㊞都府県 豊島区目白六丁目31番17号 |
| | フリガナ 氏　名 | フユヒラ イサム 冬平 勇 | 平成・令和 6 年 7 月23日死亡 |

申　立　て　の　趣　旨

☑ 被相続人の遺産の全部の分割の（☑ 調停／□審判）を求める。
□ 被相続人の遺産のうち，別紙遺産目録記載の次の遺産の分割の（□調停／□審判）
【土地】　　　　　　　　　　　　　【建物】
【現金，預・貯金，株式等】

> 「申立ての趣旨」には遺産分割調停を求める旨を記載します。

申　立　て　の　理　由

遺産の種類及び内容	別紙遺産目録記載のとおり		
特　別　受　益 ※2	☑ 有	□ 無	□ 不明
事前の遺産の一部分割 ※3	□ 有	☑ 無	
事前の預貯金債権の行使 ※4	□ 有	☑ 無	
申　立　て　の　動　機	☑ 分割の方法が決まらない。 □ 相続人の資格に争いがある。 □ 遺産の範囲に争いがある。 □ その他（　　　　　　　　　　　　　　）		

> 「申立ての理由」には遺産の概要や現状を記入します。

（注）太枠の中だけ記入してください。□の部分は該当するものにチェックしてください。
※1 一部の分割を求める場合は，分割の対象とする各遺産目録記載の遺産の番号を記入してください。
※2 被相続人から生前に贈与を受けている等特別な利益を受けている者の有無を選択してください。「有」を選択した場合には，遺産目録のほかに，特別受益目録を作成の上，別紙として添付してください。
※3 この申立てまでにした被相続人の遺産の一部の分割の有無を選択してください。「有」を選択した場合には，遺産目録のほかに，分割済遺産目録を作成の上，別紙として添付してください。
※4 相続開始時からこの申立てまでに各共同相続人が民法909条の2に基づいて単独でした預貯金債権の行使の有無を選択してください。「有」を選択した場合には，遺産目録【現金，預・貯金，株式等】に記載されている当該預貯金債権の欄の備考欄に権利行使の内容を記入してください。

遺産 （1/ ）

149

この申立書の写しは，法律の定めるところにより，申立ての内容を知らせるため，相手方に送付されます。

「当事者目録」には申立人と相手方を記載。

当 事 者 目 録

☑ □	住 所	〒 176 - 0005 東京都練馬区旭丘三丁目7番20号 （ 方）	
申立人 相手方	フリガナ 氏 名	フユヒラ コウイチ 冬平 浩一	大正 昭和44年 2月5日生 平成 令和 （ 55 歳）
	被相続人 との続柄	長 男	
□ ☑	住 所	〒 171 - 0031 東京都豊島区目白六丁目31番17号 （ 方）	
申立人 相手方	フリガナ 氏 名	フユヒラ キヨ コ 冬平 清子	大正 昭和18年 1月7日生 平成 令和 （ 81 歳）
	被相続人 との続柄	妻	
□ ☑	住 所	〒 330 - 0842 さいたま市大宮区浅間町四丁目2番32号 方）	
申立人 相手方	フリガナ 氏 名	サトウ ユウ コ 佐藤 裕子	大正 昭和46年 8月16日生 平成 令和 （ 52 歳）
	被相続人 との続柄	長 女	
□ □	住 所	〒 －	
申立人 相手方			

遺産目録には遺産の明細を記載。特別受益がある場合は、特別受益目録も作成。その場合は、備考欄に生前に贈与を受けた相続人の氏名を記載。

特別受益 P145

この申立書の写しは，法律の定めるところにより，申立ての内容を知らせるため，相手方に送付されます。

遺 産 目 録 （□特別受益目録，□分割済遺産目録）

【土 地】

番号	所 在	地 番	地目	地 積	備考
				平方メートル	
1	豊島区目白六丁目	31 17	宅地	123 45	

この申立書の写しは，法律の定めるところにより，申立ての内容を知らせるため，相手方に送付されます。

遺 産 目 録 （□特別受益目録，□分割済遺産目録）

【現金，預・貯金，株式等】

番号	品 目	単 位	数 量（金 額）	備考
1	春夏銀行 目白支店 普通預金 口座番号 9876543		金1,000,000円	

150

● 該当する方に必要な手続 ●

⑭ 未成年や認知症の相続人がいるとき

未成年者や認知症になった者も相続人としての
権利を有します。どうしたらよいでしょうか。

できるだけ
すみやかに

未成年者の場合

相続人の中に未成年者がいる場合は、**親権者**や**未成年後見人**が代理人となって遺産分割に参加します。しかし、例えば親権者も相続人となっているような場合は、親権者自身の立場と未成年者の代理人としての立場とで利益が相反してしまいます。

このような場合は、未成年者のために**特別代理人**を選任し、選任された特別代理人が未成年者に代わって遺産分割に参加します。

判断能力を欠く者の場合

成年後見制度 P152

相続人の中に認知症になって判断能力を欠く者がいる場合は、その者について**成年後見人**を選任する必要があります。選任された成年後見人は本人の財産管理や身上監護を行います。遺産分割の場面においては、判断能力を欠く者の代わりに、その者のために遺産分割に参加します。

なお、成年後見人も相続人である場合は、未成年者の場合と同様、利益相反の問題が生じます。後見監督人が選任されている場合は、後見監督人が遺産分割に参加します。後見監督人が選任されていない場合は、判断能力を欠く者のために**特別代理人**を選任する必要があります。

行方不明者の場合

相続人の中に行方不明の者がいる場合は、その者について**不在者財産管理人**を選任する必要があります。

選任された不在者財産管理人が、家庭裁判所の許可を得て、行方不明となっている不在者の代わりに遺産分割に参加します。

精神上の障害によって判断能力を欠く者のために、本人に代わって、遺産分割協議に参加したり、不動産や預貯金を管理したり（**財産管理**）、身の回りの世話のために介護サービスや施設への入所契約を締結したり（**身上監護**）する者を**成年後見人**といいます。成年後見人は、配偶者や４親等内の親族などの申立により家庭裁判所から選任されます。**家庭裁判所の監督のもとで**、上記の業務を行いますので、家庭裁判所に定期的に業務報告を行う必要もあります。

申立の際に、配偶者や子などの親族を成年後見人の候補者として立てることができますが、事情によっては弁護士や司法書士などの専門職後見人や後見監督人（成年後見人を監督する人）が家庭裁判所から選ばれることもあります。

ちなみに、遺産分割協議や預貯金の引き出し、施設への入所契約の締結など、当初の目的であった業務が完了したからといって成年後見人の業務が終了するわけではありません。また、正当な事由がない限り辞任することもできません。

基本的には、**判断能力を欠く者が死亡するまで**成年後見人としての業務を続ける必要がある点には注意が必要です。

なお、法定後見制度は、支援が必要な方の判断能力の度合いに応じて、後見（成年後見人）以外に、保佐（保佐人）、補助（補助人）の３つの類型に分かれています。成年後見人等は、本人の意思を尊重し、本人の利益を常に考えながら、本人に代わって契約などの法律行為をしたり、本人の法律行為に同意したり、本人の法律行為を取り消したりすることにより、本人を保護・支援します。

第5章

相続・名義変更の手続

遺産が確定し、誰が相続するのかも確定したら、実際に遺産を相続する手続を行います。

名義を変更したり、解約したり、相続する財産に応じて、その具体的な手続は多岐にわたります。ここでは、代表的な遺産の相続・名義変更手続を確認していきます。該当するものについて確認しながら実際に手続を行いましょう。

相続の手続の流れを確認しましょう

葬儀 法要	連絡・調整	通夜・葬儀・ 告別式	初七日		納骨				一周忌
届出 手続	死亡届等	健康保険・ 介護保険関係	世帯主変更	年金関係	公共料金等 変更・解約	遺言・相続関係調査	相続放棄・ 限定承認	遺産分割協議	名義変更
所得税 相続税							準確定申告		相続税申告

相続の基本的な手続の流れとは？

　相続に伴って名義変更、払戻し、解約など何らかの手続を要する財産については、当てはまるものについて順番に対応していきます。

　それぞれ大まかな流れを理解しておくとスムーズに進められます。

チェック	財産の種類	手続先	リンク
	預貯金・貸金庫など	銀行など金融機関	P156
	株式・債権など	証券会社など	P162
	生命保険など	保険会社	P164
	自動車・バイク	陸運局	P166
	不動産（土地・建物）	法務局	P168
	ゴルフ・リゾート会員権	管理会社	P180

相続の基本的な手続のポイント

(1) 手続が必要な財産の調査と方針の決定　　P127　P131

　まずは相続財産をひととおり探しましょう。その上で、必要に応じて、預貯金については残高証明書、不動産については登記事項証明書など関連書類を取得し、各財

産の詳細を**調査**して明らかにしましょう。その上で、大まかな相続の**方針**を決めましょう。

(2) 必要な書類の収集・手配

　戸籍証明書や印鑑証明書など、手続に必要な書類は共通のものが多いです。各手続に必要な書類を確認し、必要な通数分だけ**取得**しましょう。中にはコピーの提出で足りる手続や原本を返してもらえる手続もあります。事前に

そこまで確認しておけば無駄な書類を取得せずに済みます。署名捺印が必要な書類も併せてそろえましょう。　　P116〜126　　法定相続情報証明制度 P121

(3) 各種手続

　見つかったものについて順番に**手続**を進めます。期限があるものや（何らかの支払を要する、売却して換価するなど）必要に迫られ

ているもの、時間がかかりそうなものなど、**優先順位**を決めて、順番に手続を行っていきましょう。　　P156〜181

01 銀行など金融機関での相続手続をしましょう

相続手続の中でもっとも代表的なものの一つである金融機関での手続を確認しましょう。

できるだけ
すみやかに

金融機関に口座を持っているなど、何らかの取引を行っている人に相続が発生したときは、各金融機関所定の相続手続が必要になります。

金融機関での相続手続の一般的な流れ

（1）金融機関への連絡　　公共料金　P56　　預貯金の払戻し制度　P52

まずは相続発生の事実を電話などで各金融機関に伝えましょう。**相続専門の部署や窓口を設置する金融機関も増えてきました**ので、この段階で相続専門の部署や窓口を案内されることも増えてきました。

これにより口座が凍結され、入出金等ができなくなります。口座振替で支払をしているものについては、順次、相続人名義の口座からの支払に変更するなど、別の方法での支払に切り替える必要があります。

なお、今後の流れや必要な書類に関しても、この最初の連絡の際にある程度確認するとよいでしょう。　　確認しておきたいことリスト　P160

（2）残高証明の開示・照会請求

亡くなった方が金融機関のカードや通帳、金融機関からの郵便物などを残していた場合は、その金融機関の窓口で確認し、必要に応じて残高証明の請求をしてみましょう。具体的な相続財産の金額が判明し、手元にある資料からはわからなかった財産が見つかることもあります。

金融機関によっては、出資金や投資信託、保険商品、貸金庫など、**預貯金以外の商品**についての契約が存在することもあり、それらについても個別に手続が必要になるので、少しでも気になるものがあれば一緒に確認しておくとよいでしょう。

なお、**残高証明の開示請求は、相続人全員で行う必要はなく、相続人の1人から行うことができる**と判例で認められています。

■ 残高証明書発行依頼書の書き方

いつの時点での残高証明書を請求するかなど、該当箇所に記入します。

金融機関によって様式や書き方が異なります。

手続を行う相続人を記入します。実印の押印と印鑑証明書の提出を求められることが多いです。

通帳がない場合などは、取引履歴を併せて開示請求することで、お金の動きも確認できます。

残高証明の発行には所定の手数料がかかります。

残高証明書発行依頼書

春夏銀行 株式会社 御中

令和 6 年 7 月 23 日 現在における私名義の下記取引等についての残高証明書 1 通の発行を依頼します。

ご住所 〒171-0031 令和6年9月1日
東京都豊島区目白六丁目31番17号
お電話（03）0000-0000

お名前 被相続人 冬平 勇
相続人 冬平 清子 冬平

記

取引の種類	該当のものに☑をしてください。
指定区分	該当のものに☑をしてください。
科目・口座番号（取扱番号）・預入番号の指定 お取引店 目白 支店	
証明書の記載方法	該当のものに☑をしてください。

上記残高証明書の発行手数料の支払は下記口座から引落していただきたくお届けします。

残高証明書発行手数料自動引落し指定口座（該当の預金科目の頭に○印） 当座預金 普通預金 9876540 お届け印 清子

■ 残高証明・取引履歴の開示・照会請求の一般的な方法

提出先	各金融機関
提出できる人	相続人など
必要なもの	請求書（金融機関の窓口で入手します）、被相続人の死亡および請求者が相続人であることが確認できる戸籍証明書　など
手数料	金融機関所定の手数料
留意点	相続人1名から請求可能

（3）所定の届出用紙の受取

相続手続の際は、各金融機関で所定の届出用紙の提出を求められることがほとんどです。まずは窓口、あるいは郵送で所定の用紙など必要な書類を受け取っておくとその後の手続がスムーズに進められます。（1）の段階で請求、あるいは受取方法の確認をするとよいでしょう。残高証明の請求をする場合はその際に併せて確認してもよいでしょう。

コロナ禍を経て、一連の相続手続について郵送など非対面で完結する金融機関も増えてきました。相続専門の窓口が設置されている場合、届出が必要な用紙や必要書類の一覧などがまとめて郵送されてくることが多いです。指示のとおりに準備すればよいので、イレギュラーな事案でなければ準備や手配を進めやすくなりました。

（4）必要な書類の収集

金融機関に求められた相続関係を証明する書類の収集を行いましょう。必要な書類に関しては、金融機関から所定の用紙とともに案内があることが一般的です。併せて金融機関所定の用紙（相続届など）への署名捺印作業も行いましょう。　戸籍 P116　法定相続情報証明制度 P121

 取り寄せはまとめて行っておきましょう ………

複数の金融機関と取引をしている形跡がある場合は、最初にすべての金融機関に連絡し、所定の用紙を受け取っておくとよいでしょう。相続人全員の署名捺印が必要なものをすべてそろえておけば、まとめて手配・処理ができ、二度手間、三度手間を防ぐことができます。

（5）相続届など必要書類の提出

　金融機関に所定の用紙や集めた書類一式を提出しましょう。書類に不備がなければ、金融機関側の処理を待って払戻しを受けることができます（金融機関によっては、提出後、日数を要することもあります）。

　書類の提出は、口座のある支店か相続専門の窓口に行うことが多いです。対面の店舗を持たないネット銀行でも（1）〜（5）までの流れは基本的には同じです。（店舗がないため、基本的にはウェブページや郵送のみで相続手続が完結するような流れになります。）

■ 一般的な提出書類一覧　　戸籍の収集　P116　　印鑑証明書　P126

【共通して必要なもの】	
手続を行う者の身分証明書、通帳、カード、貸金庫の鍵　など	
【遺言がない場合に必要なもの】	【遺言がある場合に必要なもの】
相続届 相続関係を証する戸籍証明書※ 相続人全員の印鑑証明書 協議が成立している場合は遺産分割協議書　など	相続届 遺言書（必要に応じて検認済み証明書） 相続関係を証する戸籍証明書※ 払戻しを受ける者の印鑑証明書　など

※認証文のついた法定相続情報一覧図の写しで代用できる場合もあります。

ポイントメモ　時間がかかる相続手続 ・・・・・・・・・・・・・・・・・

　最近では、各金融機関が相続手続の専門部署を設置するなど、スムーズに相続手続が進められるようになりつつありますが、窓口レベルでは、支店ごと、担当者ごとに知識の差があり、待たされる時間も長くなることが多いです。相続手続の際は、ある程度時間に余裕を持って窓口に行くようにしましょう。相続手続に関する窓口での相談を予約制にしている金融機関もありますので、念のため電話で確認しておきましょう。

　また、窓口に行く前にあらかじめ電話などで必要書類等を確認しておくというのも一つの方法です。

確認しておきたいことリスト　P160

■ 金融機関の相続届の書き方

 相続届について ・・・・・・・・・・・・・・・・・・・・・・・・・

　金融機関の相続届は、金融機関ごとに所定の用紙がありますが、基本的な体裁や趣旨はほとんど同じで、遺言がない場合は、原則として相続人全員の署名捺印を要する形式になっています。

　各預貯金の取扱方法などにつき、法律上財産を引き継ぐ権利のある者がどのように合意したかが金融機関側で明確に確認できる形です。

　遺産分割協議書や遺言があれば、別途、所定の相続届を提出する必要はないなどとする金融機関もあります。内容にもよりますので、詳しくは各金融機関に事前に直接確認しておくとよいでしょう。

【確認しておきたいことリスト】

☐ 必要書類（所定用紙の受取）　　　☐ 郵送や最寄りの支店で手続可能か

☐ 戸籍など書類の原本を返却してもらえるか、有効期限

☐ 認証文のついた法定相続情報一覧図の写しを利用できるか

コラム ● 相続人の代わりに代理人が手続を行う場合

　相続人が高齢で身体が不自由であるなどの理由から、相続人以外の者が相続人に代わって預貯金等の相続に関する手続を行いたい場合は、**委任状**など所定の書類を各金融機関に提出する必要があります。必要書類や委任状に記載が求められる事項は金融機関によって異なります。代理人が手続を行う場合は、各金融機関に確認しましょう。

　なお、たとえ親族であっても、委任を受けていないにもかかわらず勝手に委任状を作ってしまうのは犯罪です。注意しましょう。

■ 委任状の書き方

株式など有価証券の相続手続をしたいとき

株式など有価証券を持っていた場合の手続を確認しましょう。

できるだけ
すみやかに

新しいNISA制度の導入などにより、投資に対する意識や関心が高まり、証券口座を開設して株式の保有や投資信託をはじめる人も増えてきました。基本的な相続手続は銀行の相続手続と同様ですが、証券会社を通して管理している場合特有の手続を中心に確認しておきましょう。

（1）証券会社への連絡・取引内容の確認・資料の請求

まずは証券会社に電話などで連絡をしてみましょう。取引をしていたかどうかは、証券会社からの郵便物、通帳の履歴などから推測できます。

最初の連絡の際に、相続に関しての資料の請求と必要な手続の確認をするようにしましょう。

探し方 P127

（2）相続人名義の口座の準備・開設

故人が保有していた株式を売却したい場合でも、基本的にはいったん、相続人名義の管理口座を準備（ない場合は開設）する必要があります。

（3）名義変更

必要な書類を提出し、名義変更手続を完了させましょう。売却する場合は、名義変更手続完了後に改めて売却の手続を行うことになります。

 証券会社がわからない場合 ‥‥‥‥‥‥‥‥‥‥‥

亡くなった方がどの証券会社を利用していたか不明な場合には、**証券保管振替機構（ほふり）に開示請求を行うことで、上場株式等の口座が開設されている証券会社、信託銀行等の一覧が確認できます。

開示請求書、相続関係を証する戸籍証明書などを郵送します。なお、開示には所定の手数料（基本6,050円）がかかります。

証券会社を通していない場合

　株券が見つかるなど、証券会社を通していない会社
の株式などの有価証券を保有していると思われる場合
は、会社名を確認し、その有価証券を発行している会
社に手続の方法について直接確認をしてみましょう。

自社株を保有していた場合

　故人が自ら会社を経営していた場合など、自社株を保有していた場合
は、会社関係者に連絡をしましょう。どのような規模の会社であっても、
株式について所定の手続が必要です。

　事業承継や清算には法律面、税務面など専
門的な知識が求められますので、なるべく早
期に会社の顧問税理士などに相談するとよい
でしょう。　

事業を引き継ぐとき　P74

ポイントメモ　金融機関と遺産整理業務 ‥‥‥‥‥‥‥‥‥‥‥‥

　最近は、銀行や信託銀行など金融機関が遺言信託や遺産整理業務に力
を入れるようになりました。金融機関が取りまとめ役として遺産整理業
務を遂行してくれるので安心感を得ることができます。

　しかし、金融機関に支払う報酬が、基本的に遺産総額の○％（最低○
○万円）というように決められていること、また、不動産の名義変更手
続について司法書士にかかる費用や、相続税申告について税理士にかか
る費用については、遺産総額の○％という金融機関への報酬とは別に支
払わなければならない点に注意が必要です。メリット・デメリットをよ
く確認して、依頼するかどうか判断するようにしましょう。

専門家の使い方　P182

03 生命保険の保険金を受け取りたいとき

生命保険など保険の受取人が単独で行える手続です。とても大切な手続の一つです。

できるだけ
すみやかに

　生命保険など、死亡に伴い保険金の受け取りが発生するものがあります。一般的な相続手続と異なり、保険金の受取人が指定されている場合は、原則としてその受取人が（他の相続人等の関与なしに）単独で手続を行うことができます。なお、故人以外の受取人が指定されている保険金は相続財産とはなりませんが、税務上の取り扱いには注意が必要です。

相続税　第6章

（1）保険会社への連絡

　被保険者が死亡した旨を保険会社に連絡しましょう。契約をしていたかどうかは、保険会社からの郵便物、通帳の履歴などから推測できます。

（2）契約内容の開示・照会請求

　保険の契約内容について確認が必要です。具体的に受取人が指定されていない場合などは、他の金融機関における手続と同じように相続人全員の手続への関与が求められることもあります。連絡の際に確認しましょう。

（3）保険金の受取

　必要な書類を提出し、保険金の受取手続を完了させましょう。

 受取人が先に死亡している場合 ･･･････････････

　生命保険に関する保険金の受取人は、通常、契約の中で指定されています。もし、受取人と指定されていた者が先に死亡し、再指定しないまま契約者が亡くなってしまった場合は、約款や遺言の記載にもよりますが、原則として受取人の相続人が保険金を受け取ることになります。

■ 死亡保険金請求書の書き方

死亡保険金請求書

◯◯◯生命保険株式会社　御中

（1）請求日（記入日）　　令和6年　8月　8日

被保険者名を記載します。

（2）ご請求の保険契約等

	証券番号	被保険者名	請求種目
定期死亡保険	01-234567890	冬平 勇	☑ 死亡 □ 高度障害 □ 保険料払込免除
終身医療保険	証券番号	被保険者名	□ 入院 □ 手術 □ 保険料払込免除
終身医療保険	証券番号	被保険者名	□ 入院 □ 手術 □ がん □ 先進医療 □ 保険料払込免除
定期療養保険	証券番号	被保険者名	□ 入院 □ 外来 □ がん □ 先進医療 □ 保険料払込免除

（3）請求人（受取人）の氏名・住所等　※受取人が未成年の場合は親権者または後見人の方からご請求ください

請求人（受取人）	氏名（自署）	フリガナ フユヒラ キヨコ 冬平 清子 ㊞清子
	住所	フリガナ トウキョウト トシマク メジロ 〒171-0031 東京都豊島区目白六丁目31番17号 電話番号 03-◯◯◯◯-◯◯◯◯
	日中の連絡先	03-◯◯◯◯-◯◯◯◯

保険金の受取方法や振込口座を記載します。

（4）振込先指定（①をご選択いただくか、②に指定口座をご記入ください）
※請求人さま名義の口座をご指定ください

①	保険料振替口座	保険料の払込方法を「口座振替」に設定いただいている契約で、請求人（受取人）が被保険者様の場合にご選択いただけます ◯ 保険金等の送金手続き時点で、保険料振替口座として登録されている口座を指定します ◯印をしてください

②	ゆうちょ銀行以外の金融機関	金融機関コード 9999	銀行 労働金庫 信用金庫 農協 信用組合	支店コード 999	目白	本店 支店 出張所
		口座種目 1.普通 2.当座 3.貯蓄	口座番号 9876540	口座名義人（カタカナでご記入ください）フユヒラ キヨコ		
	ゆうちょ銀行	記号 1　0	通帳番号 1	口座名義人（カタカナでご記入ください）		

様式や書き方は保険会社によって異なります。
不明な点は各保険会社に確認しましょう。

165

⓸ 自動車の相続手続をしたいとき

自動車についても名義変更の手続が必要です。
確認しましょう。

できるだけ
すみやかに

　自動車についても相続の手続が必要です。売却したり廃車にする場合でも、基本的にはいったん亡くなった方から相続人が自動車を引き継ぐことになります。相続人への名義変更は、ナンバープレートを交付している管轄の**陸運局**（運輸支局か自動車検査登録事務所）に移転登録申請書を提出する方法により行います。

（1）自動車の相続方法の決定（遺産分割協議）

遺産分割協議　P140

　自動車をどうするか相続人全員で決めましょう。相続人の1人の名義にするなど特定の者が引き継ぐ場合には遺産分割協議書を作成します。なお、相続人複数の共同名義にすることも可能です。

（2）登録申請

　管轄の陸運局に移転登録申請書を提出します。申請書の他に、手数料納付書、自動車税申告書、遺産分割協議書（印鑑証明書つき）、戸籍証明書、自動車検査証（車検証）、自動車保管場所証明書（車庫証明書）などを併せて提出する必要があります。申請書や手数料納付書、自動車税申告書は、通常、陸運局の窓口でもらえます。

■ 自動車の相続による移転登録申請の方法　　（令和6年4月現在）

提出先	管轄の陸運局
提出できる人	相続人など
必要なもの	申請書（陸運局の窓口か、国土交通省のウェブサイトからダウンロードして入手します）、被相続人の死亡の事実および相続人全員が確認できる戸籍証明書、車検証　など
手数料	500円（ナンバーの変更がない場合）

■ 移転登録申請書の書き方

ナンバー等を記入。不明な箇所は陸運局の窓口で確認しながら記入します。

新しい所有者の氏名を記入します。住所は住所コードで記入します。

上部の枠内はすべて鉛筆で記入します。下部の住所、氏名等はボールペンで記入し、押印します。

※住所コードは、住所ごとに決められた数字のコードです。陸運局に一覧表があります。確認しながら記入しましょう。

※自動車の登録手続を専門家に任せたい場合は、行政書士に依頼しましょう。

専門家の使い方　P182

ポイントメモ　自転車、原付、小型二輪の相続手続 ‥‥‥‥‥

　自転車や原付、小型二輪なども相続の対象になります。金銭的に価値のあるものについては、遺産分割協議を行い、協議書に記載しましょう。

　自転車については相続人が改めて防犯登録を行います。原付については、通常、市区町村役場にてまず廃車手続を行います。廃車手続が完了したら、相続人の名義での登録手続を行います。小型二輪についても、通常、管轄する陸運局で同様にまず廃車手続を行います。

05 不動産の相続手続をしたいとき

不動産については法務局に名義を変更する登記を
申請します。その方法を確認しましょう。

できるだけ
すみやかに

不動産を所有していた方が死亡したときは相続の手続が必要です。換価するなどの理由で売却する場合でも、いったん亡くなった方の名義から相続人の名義に変更する必要があります。名義変更を行うには、不動産を管轄する**法務局**に、必要書類とともに**登記申請書**を提出します。

（1）不動産の相続方法の決定（遺産分割協議） 遺産分割協議 P140

不動産を誰が引き継ぐか相続人全員で決めましょう。相続人の1人の名義にするなど特定の者が引き継ぐ場合には、遺産分割協議書を作成します。遺言があるときは、原則として遺言の内容に従います。

（2）登記申請

管轄の法務局に所有権移転登記申請書を提出します。申請書の他に、遺産分割協議書（印鑑証明書つき）、戸籍証明書、住民票の写し（マイナンバーの記載がないもの）、固定資産評価証明書などを併せて提出する必要があります。 登記申請 P173

（3）登記識別情報の発行

登記が完了すると、登記申請を行い所有者となる相続人に対して登記識別情報（昔の登記済権利証の代わりとなるもの）が発行されます。

■ 不動産の相続による所有権移転登記申請の方法 （令和6年4月現在）

提出先	不動産の所在地の管轄の法務局
提出できる人	相続人など
必要なもの	申請書（法務局のウェブサイトから様式をダウンロードできます）、戸籍証明書、住民票の写し、遺言 など P169〜173
費用	原則として、課税価格の0.4％（登録免許税）

168

登 記 申 請 書

念のために捨印を押しておくとよいでしょう。

登記の目的　　　　所有権移転

亡くなった日付と相続である旨を記載。

原　　因　　　　令和6年　7月23日　相続

相　続　人　　　（被相続人　冬平　勇）
　　　　　　　　　東京都豊島区目白六丁目31番17号

不動産を相続する者の住所・氏名を記載し、押印。

　　　　　　　　　　　　冬　平　　清　子　清子

法務局から連絡が必要な場合に備えて、電話番号を記載。

　　　　　　　　　連絡先の電話番号　03－○○○○－○○○○

添 付 情 報　　　　登記原因証明情報　　　　住所証明情報

令和6年　9月10日　東京法務局豊島出張所　御中

課 税 価 格　　　　金1,000万円

固定資産の価格（評価額）を記載。1,000円未満は切捨て。

登録免許税　　　　金4万円

登録免許税（課税価格の0.4%）を記載。100円未満は切捨て。
不動産の価格（評価額）が100万円以下の土地は、令和7年3月31日まで免税。

不動産の表示
　　所　　在　　豊島区目白六丁目
　　地　　番　　31番17
　　地　　目　　宅地
　　地　　積　　123.45㎡

　　所　　在　　豊島区目白六丁目　31番地17
　　家屋番号　　31番17
　　種　　類　　居宅
　　構　　造　　木造瓦葺2階建

不動産の表示は登記事項証明書のとおりに記載。 P128

　　床 面 積　　1階　48.26㎡　　2階　48.26㎡

遺産分割協議による場合の添付書類

（1）遺産分割協議書と印鑑証明書

　遺産分割協議により単独の名義にするなど法定相続分以外の割合で引き継ぐ場合には遺産分割協議書を作成し、添付する必要があります。

　遺産分割協議書には誰がどの不動産を相続するのか明確に特定できるように記載し、相続人全員で署名し、実印を押します。印鑑証明書も併せて添付する必要があります。

遺産分割協議書　P145

【遺産分割協議書の文言の書き方（抜粋）】

```
　一、相続人である妻冬平清子は、下記の不動産を相続する。
　　　不動産の表示
　　　所　　在　　　豊島区目白六丁目
　　　地　　番　　　３１番１７
　　　地　　目　　　宅地
　　　地　　積　　　１２３．４５㎡
```

（2）戸籍証明書など

戸籍証明書　P50・P116

　一般的に、下記の戸籍証明書などを添付する必要があります。

①被相続人（勇）の死亡の記載のある戸籍（除籍）証明書

②被相続人（勇）の出生までさかのぼる除籍・改製原戸籍証明書

③相続人全員（清子・浩一・裕子）の戸籍証明書

④被相続人（勇）の住民票（除票）の写し　など

※原則、認証文のついた法定相続情報一覧図の写しで代用できます。参照　P124

（3）不動産を取得する者の住民票の写し

　不動産の所有者は登記簿に住所と氏名が記載されます。そのため正確な住所と氏名を証する住民票の写しを添付します。

（4）固定資産評価証明書（または固定資産課税明細書の写し）

　登録免許税の算出のため、登記申請年度の固定資産評価証明書（または固定資産課税明細書の写し）の添付も求められます。固定資産評価証明書は市区町村役場（東京23区の場合は都税事務所）にて取得できます。

（5）相続関係説明図

　戸籍・除籍・改製原戸籍証明書を添付して申請する場合、登記実務上、相続関係説明図を作成し、併せて提出することで、**原本を還付してもらう**ことができます（この他の添付書類の原本は、原本と相違ない旨の奥書（記名押印）を付したコピーを添付することで還付してもらえます）。他の手続でもあると便利なので、相続関係を整理するという意味でも作成しておくとよいでしょう。

■ 相続関係説明図の作り方（遺産分割協議による場合）

遺言による場合の添付書類

（1）遺言書

　遺言により相続人のうち１人の名義にするなど特定の者が引き継ぐ場合には、登記申請の際に**遺言書**を添付する必要があります。公正証書遺言以外の遺言の場合は、原則として、検認手続が済んだ遺言書を添付します。なお、自筆証書遺言書保管制度を利用していた場合は、遺言書情報証明書を添付します。

> 自筆証書遺言書保管制度　P236
> 遺言書の検認　P112　　遺言書の基本　P110

（2）戸籍証明書など

　一般的に、下記の戸籍証明書などを添付する必要があります。

　①被相続人（勇）の死亡の記載のある戸籍（除籍）証明書

　②不動産を取得する相続人の戸籍証明書

　③被相続人（勇）の住民票（除票）の写し　など　　　> 戸籍　P116

（3）不動産を取得する者の住民票の写し

（4）固定資産評価証明書（または固定資産課税明細書の写し）

（5）相続関係説明図

　（３）〜（５）については遺産分割協議による場合と同様です。

> 遺産分割協議の場合　P170

遺贈による場合

　相続人の一部もしくは全員に対して「相続させる」旨の遺言が残されているときは、相続による所有権移転登記をすることができます。

　しかし、相続人以外の者に「相続させる」旨または「遺贈する」旨の遺言が残されている場合は、相続による所有権移転登記ではなく、**遺贈による所有権移転登記**を申請する必要があり、登録免許税が課税価格の２％となるなど、手続も大きく違いがあります。詳しくは法務局に確認するか、司法書士に相談しましょう。

172

相続に伴う登記手続の流れのまとめ

（1）必要書類の収集・準備、申請書の作成

戸籍証明書など必要な書類を集め、遺言書がある場合は遺言書、ない場合は遺産分割協議書などを準備します。それらの書類に基づき、登記申請書を作成しましょう。

登記申請書の作り方　P169

■ 申請書の組み方の一例

```
①申請書
②申請書続き
              ③印紙を貼る紙
              （A4用紙）

         印
     ㊞    紙              ④相続関係図
                          ⑤添付書類
              印紙には
              割印しない

左側を2か所でホチキス留めして契印    クリップ留め
```

（2）登記申請

不動産を管轄する法務局に登記を申請します。**郵送**により申請することも可能ですが、**窓口に持参**すれば相談窓口で申請前に相談することもできます。登録免許税は収入印紙を申請書に貼付して納める方法が一般的です。登記完了までは申請から1〜2週間程度かかります。

万が一、申請内容に不備がある場合は、法務局から連絡が入ります。法務局の指示に従い、**補正または取下げ**の対応をしましょう。

（3）登記完了

登記が完了すると、原則として不動産ごと、申請人ごとに**登記識別情報通知**が発行されます。登記識別情報通知とは、登記名義人を識別するための情報が記載された書面です。昔の**登記済証（権利証）**と同じ意味合いの書類なので、大切に保管しましょう。また、登記が完了したら、法務局で**登記事項証明書（登記簿謄本）**を取得して、登記された内容に間違いがないか確認しておきましょう。

登記事項証明書　P128

確認して
おきましょう ▶ **相続登記の義務化と相続人申告登記**

令和6年4月1日から相続登記が義務化されました。

相続登記がされず、登記簿を見ても誰の土地かわからない**所有者不明土地**が全国で増加し、社会問題になってきています。この問題を解決するため、**不動産の相続登記が義務化**されました。

相続登記義務化の内容

相続登記義務化の内容は、下記のとおりです。

①相続人は、不動産を相続により取得したことを知った日から3年以内に相続登記の申請をしなければならない。
②遺産分割が成立した場合には、遺産分割が成立した日から3年以内に、相続登記をしなければならない。
③正当な理由なく義務に違反した場合は10万円以下の過料（行政上のペナルティ）の適用対象となる。
④改正日より前に発生した相続についても義務化の対象（ただし、改正日から3年間の猶予期間がある）。

過料が科せられないようにするには

相続が開始したらすみやかに相続登記を行うようにしましょう。

とはいえ、事情によっては相続登記を申請することが難しいことも考えられます。そのような場合は、**相続人申告登記**という新しく作られた手続を利用することで義務を果たすことができます。

ただし、相続人申告登記はあくまで簡易的な方法に過ぎません。正式に所有権としての登記を行うには改めて相続登記が必要である点に留意する必要があります。

相続人申告登記 P176

■ **相続登記の申請義務化に必要な対応**（令和6年4月1日以降に相続開始）

※民法改正により、相続開始のときから10年を経過する後の遺産の分割については、原則として、具体的相続分を考慮せず、法定相続分または指定相続分により行うこととされました。

ポイントメモ **過料が科せられない正当な理由とは？** ‥‥‥‥‥

　①相続人が極めて多数に上り、かつ、戸籍関係書類等の収集や他の相続人の把握等に多くの時間を要する場合、②遺言の有効性や遺産の範囲等が相続人等の間で争われているために相続不動産の帰属主体が明らかにならない場合、③義務を負う者自身に重病その他これに準ずる事情がある場合、④義務を負う者がDV被害者等であり、避難を余儀なくされている場合、⑤義務を負う者が経済的に困窮しているために、登記申請にかかる費用負担が困難な場合などは、正当な理由があると認められ、過料は科せられないとされています。

第5章　相続・名義変更の手続

相続人申告登記の方法

　前ページの**ケース①－２**や**①－３**のように、期限内に相続登記の申請を行うことが難しい場合に、簡易に相続登記の申請義務を果たすことができる仕組みとして**相続人申告登記**が新たに設けられました。

　申出をした相続人のみ、義務を免れることになるとされているため、義務を果たしたい相続人はそれぞれ申出を行うようにしましょう。連名での申出も可能です。

■ 相続人申出書の書き方

> 上部は受付シールを貼るスペースを指示に従って空けておきます。

相続人申出書

　申出の目的　　　相続人申告

　冬平勇の相続人

　　相続開始年月日　　令和６年７月２３日

　　（申出人）　東京都練馬区旭丘三丁目７番２０号
　　　　　　　　冬平　浩一
　　　　　　　　（氏名ふりがな　ふゆひら　こういち）
　　　　　　　　（生年月日　昭和４４年２月５日）
　　　　　　　　連絡先の電話番号０３－○○○○－○○○○

　添付情報
　　申出人が登記名義人の相続人であることを証する情報
　　住所証明情報

　令和６年１０月１日申出　　　東京法務局豊島出張所

　不動産の表示
　　不動産番号　　０１２３４５６７８９０１１
　　所　　在　　豊島区目白六丁目
　　地　　番　　３１番１７

　　不動産番号　　０１２３４５６７８９０１２
　　所　　在　　豊島区目白六丁目　３１番地１７
　　家屋番号　　３１番１７

相続人申告登記の提出書類

相続人申告登記の基本的な提出書類は、下記のとおりです。

管轄の法務局に申出書などを提出しますが、**かんたん登記申請**というウェブブラウザ上で申出ができるシステムも利用できます。

＊かんたん登記申請　https://www.touki-kyoutaku-online.moj.go.jp/mtouki/

（1）申出書

対象となる不動産を特定し、①所有権の登記名義人について相続が開始したことと、②自らがその相続人であることなどを記載します。

（2）戸籍証明書

申出人が相続人であることが確認できる戸籍証明書の提出が求められます。法定相続情報証明制度を利用している場合、法定相続情報一覧図の写しを提出するか、法定相続情報番号（一覧図の写しの右上に記載された番号）を記載すれば、戸籍証明書などの提出が不要になります。

（3）住民票の写し

申出人の住民票の写しを提出します。申出書に住民票上の申出人の氏名のふりがな（外国籍の方はローマ字氏名）および生年月日を記載した場合は、住民票の写しなどの提出を省略することができます。

（4）委任状

代理人に依頼する場合は委任状が必要です。複数の相続人が連名で申出する場合は、委任状の提出は不要です。

■ 相続人申告登記申請の方法

申出できる人	登記記録上の所有者の相続人
申出先	不動産の所在地の管轄の法務局（郵送可）
申出に必要な費用	無料（非課税）
必要なもの （他の書類が必要になる場合あり）	申出書、戸籍証明書（または法定相続情報一覧図の写し）、住民票の写し　など

06 団体信用生命保険に加入していたとき

団信に加入した者が亡くなった場合は、住宅ローンが完済扱いとなります。

できるだけ
すみやかに

不動産購入時に住宅ローンを組んだ場合は、同時に団体信用生命保険（団信）に加入していることが多いです。団信とは、加入したローン契約者が死亡した場合などには生命保険会社が代わりに残ったローンを支払い、ローンが完済となる仕組みです。

完済されたら、名義変更登記と併せて不動産に登記されている金融機関などの抵当権を抹消する手続（抵当権抹消登記）を行いましょう。

（1）金融機関への連絡・金融機関からの書類受領

まずは金融機関に連絡しましょう。団信によりローンが完済されると、抵当権を設定していた金融機関から抵当権抹消登記に必要な書類が一式（解除証書、登記済証または登記識別情報通知、委任状、会社法人等番号が確認できるものなど）渡されるのが一般的な流れです。

（2）所有権移転登記

団信によりローンが完済されたときは、抵当権抹消登記の前提として、所有者につき名義を変更する登記（所有権移転登記）を行う必要があります。相続による所有権移転登記と抵当権抹消登記は連件（1件目に相続による所有権移転登記、2件目に抵当権抹消登記）で併せて法務局に申請することもできます。

不動産の相続　P168

（3）抵当権抹消登記

抵当権抹消登記は、所有権登記名義人（相続人）と、抵当権者（金融機関など）の共同申請で行います。

抵当権抹消登記の添付情報は、原則として、登記原因証明情報（解除証書、弁済証書など）、登記済証または登記識別情報、代理権限証明情報（委任状など）、会社法人等番号です。

■ 登記申請書の作り方（抵当権抹消登記の場合）

登 記 申 請 書

登記事項証明書から受付番号を確認して記載します。 P128

抵当権が抹消された原因と日付を記載します。

登記の目的　　抵当権抹消
原　　因　　令和6年　8月10日　解除
抹消する登記　平成14年　5月22日受付第8439号
権　利　者　　東京都豊島区目白六丁目31番17号
　　　　　　　　　　　冬　平　　清　子
義　務　者　　東京都豊島区目白六丁目6番6号
　　　　　　　　　　　株式会社春夏銀行
　　　　　　（会社法人等番号　01-23456-789012）
　　　　　　　　　　代表取締役　秋元　金雄

抵当権者との共同申請となります。

添 付 情 報　　登記原因証明情報　　代理権限証明情報
　　　　　　　　登記済証（または登記識別情報）　会社法人等番号

添付情報は一般的にこのように記載します。

令和6年　9月10日　東京法務局豊島出張所
申請人兼義務者代理人

金融機関から委任を受ける形で申請する場合はこのように記載します。

　　　　　　　　東京都豊島区目白六丁目31番17号
　　　　　　　　　　　冬　平　　清　子　清子
　　　　　　　　連絡先の電話番号　03－○○○○－○○○○

登録免許税　　金2,000円

登録免許税は不動産1個につき1,000円です。

不動産の表示
　　所　　在　　豊島区目白六丁目
　　地　　番　　31番17
　　地　　目　　宅地
　　地　　積　　123.45㎡

　　所　　在　　豊島区目白六丁目　31番地17
　　家屋番号　　31番17
　　種　　類　　居宅
　　構　　造　　木造瓦葺2階建
　　床 面 積　　1階　48.26㎡　　2階　48.26㎡

不動産の表示を正確に記載します。

ゴルフ会員権その他の相続手続をしたいとき

相続時に問題となる様々な権利や義務。
簡単に概要を把握しておきましょう。　**すみやかに**

これまで確認してきたもの以外にも、相続の際に手続が必要な権利や義務はいくつもあります。その中でも代表的なものについて、ここで簡単に確認しておきましょう。　**相続財産　P105**　**公共料金　P56**

ゴルフ場やリゾート会員権

亡くなった方がゴルフ場やリゾートホテルの会員権を有していたときは、その**会員権**も相続の対象になります。必要となる手続はゴルフ場やリゾートホテルもしくはそれらの管理会社に連絡して確認しましょう。

リゾートホテルによっては、不動産の所有権（共有の持分）を有していることがあります。その場合は、不動産についても名義変更の手続を求められることになるでしょう。　**不動産の相続　P168**

いずれの手続も、一般的には名義変更にかかる届出書、相続関係を証する戸籍証明書等、相続人全員の印鑑証明書などが求められます。

また売却する場合にも、基本的にはいったん相続人名義への変更、あるいは同意書などによる相続人全員の関与が求められます。　**戸籍　P116**

系譜・祭具・墳墓・香典

祭具や墳墓などの所有権は、慣習に従って、**祖先の祭祀を主宰する者**が承継することになります。亡くなられた方が主宰者を指定した場合は、その者が承継します。なお、香典は、法律上は相続財産ではなく、遺族の代表者に対する贈与と考えられています。

絵画・骨董品・宝石

絵画や骨董品、宝石なども相続の対象になります。財産的な価値がある動産類についても、遺産分割において誰が引き継ぐか決めましょう。

死亡退職金

死亡退職金は、就業規則等で、受取人が指定されている場合は、その**受取人固有の財産**と考えられ、相続財産とはなりません。

ただし、受取に際しては、基本的に他の相続手続と同様、届出書（請求書）や戸籍証明書、印鑑証明書などの提出が求められます。

債務

これまでに確認してきた預貯金や不動産などのプラスの財産だけではなく、**借金などのマイナスの財産も相続の対象**になります。

1点注意しなければならないのは、マイナスの財産については、「長男が代表して債務を引き継ぐ」と相続人全員で合意しても、その効力を債権者に主張することができないという点です。原則として、それぞれの相続人が法定相続分に従って債務を承継するということになります。（ただし、相続人同士の取り決めとしては有効です。）

もし、このように一部の相続人が債務を引き継ぎ、他の相続人が責任を免れるようにするためには、**債権者の同意を得て、免責的に債務を引き受ける契約（免責的債務引受契約）**を行う必要があります。

 相続手続が必要な財産の把握 ·····················

相続手続が必要な財産については、早い段階でなるべく詳細に調査し、取るべき手続を誤らないよう注意しましょう。

消費者金融や信販会社から長期間借入れを行っていた場合、実は債務は既になく、過払金返還請求権があった…ということもあります。

コラム ● 専門家の使い方 ～どの専門家に依頼する？～

　相続の手続を進めていく中で、様々な事情から、どうしても相続人だけでは話を進めることができなくなってしまうことがあります。

　定められた期限を過ぎてしまうと不利益が生じる手続もありますので、そのような場合はすみやかに弁護士や税理士、司法書士などの専門家に相談されることをおすすめします。

　専門家といっても様々な種類があり、それぞれたくさんの専門家がいます。相続税の申告のことで困っているのであれば税理士、不動産の名義変更のことなら司法書士…というように、**主な困りごとがはっきりし**ているのであれば、まずはその専門家の中から信頼できる方を探し、相談するという形がよいのではないでしょうか。

　相続手続を数多く取り扱っている専門家であれば、他の専門家の関与が必要になった場合でも、その専門家から信頼できる専門家を**紹介**してもらうことができるでしょう。

　下記が悩み別の相談する専門家の目安ですが、知人の紹介やインターネットなどで専門家を探し、まずは実際に会って相談してみて、費用面なども含めて確認し、信頼できるかどうか見極めましょう。

【相談する専門家の目安】

◎相続人間で争いになっている　　　　→　弁　護　士
◎不動産の名義変更手続を任せたい　　→　司法書士
◎車などの名義変更手続を任せたい　　→　行政書士
◎相続税申告を任せたい　　　　　　　→　税　理　士

第**6**章

相続税の基本的手続

　従来は、対象者が一部のお金持ちだけに限られていた相続税。しかし、度々の改正を経て今は4,000万〜5,000万円ほどの財産があれば申告が必要になり、身近な税金になったといえるでしょう。令和6年からは、相続税の対象になる生前贈与の年数が相続開始前の3年間から7年間へと徐々に延長され、課税対象が広がっています。この章ではそんな相続税の基本について確認していきます。

相続税の手続の流れを確認しましょう

葬儀法要：連絡・調整／通夜・葬儀・告別式／初七日／納骨／一周忌

届出手続：死亡届等／健康保険・介護保険関係／世帯主変更／年金関係／公共料金等変更・解約／遺言・相続関係調査／相続放棄・限定承認／遺産分割協議／名義変更

所得税相続税：準確定申告／相続税申告

まずは相続税がかかるかどうかの確認を

　亡くなった方の残した財産が、相続税の非課税枠を超えていたら、10か月以内に相続税の申告書を作成し、税務署に提出しなければなりません。併せて相続税の納付も必要なので、第5章までの相続手続と並行して、以下についても確認しておきましょう。

チェック	確認すること		リンク
	相続税がかかるか	財産の評価方法	P186
	財産ごとの評価方法	土地・株・保険など	P187
	相続税はいくらか	相続税の計算方法	P188
	申告書の書き方	申告書のひな型	P213
	申告もれがあったら	税務調査やペナルティー	P226

相続税の基本的な手順のポイント

（1）相続財産の評価

　亡くなった方が残した財産について調べ、残
高証明書や登記事項証明書などが集まりはじめ
たら、その財産が相続税の決まりに
基づくといくらなのかを、財産ごと
に計算してみましょう。　P186

（2）相続税の計算

　（1）の評価額の合計が、相続税の非課税枠（基礎控除額）を超
える場合には、自ら相続税の申告と納税が必要です。税務署が、相
続税がかかるかどうかを判断し、書類を送ってくれるわけではあり
ません。正確な判断や細かい計算は税
理士に頼むとしても、まずは自分自身
で、相続税がかかるかどうか大まかに
確認してみましょう。　P188〜195

（3）申告書の作成・納税・税務調査など

　相続税の申告書は、財産を相続した人全員が共同で提出するのが
一般的です。税理士に頼まずに自分たちで作成してもかまいません
が、計算間違いや申告もれがあると、税務調査を
受け、加算税などのペナルティーを課されること
になるので、注意しましょう。

　P226

税務署

● 全員に必要な手続 ●

01 相続財産の評価方法を確認しましょう

相続税がかかるかどうかを知るために
相続財産の評価をしてみましょう。

できるだけ
すみやかに

故人の財産が「どこに」「何があるか」把握できたら、次はその財産が「いくらなのか」を確認していきます。

財産調査 P127

まずは故人の相続財産を評価する

故人が残した財産が、相続税の決まりに基づくといくらなのかを計算することを、**財産評価**といいます。相続税には、財産がこの金額以下なら相続税はかからないという**非課税枠（基礎控除額）**があります。財産が基礎控除額を超えている場合には、相続税の申告や納税が必要になりますが、これに満たなければ、相続税に関する手続は一切必要ありません。つまり、「相続財産を正しく評価する」ことが、相続税の手続における最初の一歩であり、一番大切なことです。

難しいのは土地の評価

一般的に、故人の財産の大部分を占めるのは、自宅の土地・建物などの**不動産**と、預金や上場株式などの**金融資産**です。金融資産は、原則的に亡くなった日の残高や時価がそのまま評価額になりますが、不動産は相続税特有の方法で評価するため、少し専門的な知識が必要です。

土地には様々な特例がある

自宅などの土地については、一定の面積まで課税価格が80％または50％減額できる**小規模宅地等の特例**という決まりがあります。土地はお金に換えにくい財産なので、残された家族にとって必要性が高い場合には、相続税の負担が軽くなるよう様々な特例が設けられています。

186

■ 主な相続財産ごとの評価方法

土地	宅地 （自用地）	（路線価方式）路線価×補正率×面積 （倍率方式）固定資産税評価額×倍率　P200
	借地権	自用地の評価額×借地権割合
	貸宅地	自用地の評価額×（1−借地権割合）
	貸家建付地	自用地の評価額×（1−借地権割合×借家権割合）
建物	自用家屋	固定資産税評価額
	貸家	固定資産税評価額×70%
現金		死亡日の手許残高
預貯金	普通預金	死亡日の残高
	定期預金	死亡日の残高＋利息（源泉税は差し引く）
有価証券	上場株式	死亡日の終値。ただし、死亡月・その前月・その前々月を参考にすることも可能　P208
	非上場株式	議決権割合などに応じ、原則的評価方式か特例的評価方式のどちらかで評価する　P210
	公社債	最終価格または発行価額＋利息（源泉税は差し引く）
	投資信託	死亡日の基準価額
死亡保険金		受取金額。ただし非課税枠がある　P247
死亡退職金		受取金額。ただし非課税枠がある
個人年金		一定の評価方法により評価する
ゴルフ会員権		死亡日の取引価格×70%（預託金がない場合）
金地金		死亡日の買取価格
自家用車・絵画・家庭用財産		死亡日の時価。電話加入権を含め、死亡日の時価が5万円以下の家庭用財産は一括で評価することも可能

187

02 相続税を計算しましょう①

実際に相続税の対象となる「課税遺産総額」を
自分で計算してみましょう。

できるだけ
すみやかに

　相続財産を評価して、故人の財産がいくらなのかがわかったら、実際
に相続税を計算するステップに進みましょう。まず、ステップ1で財産
の評価額を合計し、ステップ2で債務などをマイナスします。ステップ
3で基礎控除額を差し引き、最終的に相続税がかかるかを判断します。

ステップ1 財産の評価額を合計する

◎ 相続財産 + みなし相続財産 + 生前贈与財産の一部

　相続税のかかる財産は、**相続した財産**だけではありません。死亡保険
金などの**みなし相続財産**も、死亡に伴って受け取るものなので相続税が
かかります。さらに、故人から亡くなる前7年以内（改正により順次）
に暦年課税でもらった財産や、相続時精算課税でもらったすべての財産
（基礎控除を除く）などの**生前贈与財産**も加算します。

ステップ2 マイナスできるものを差し引く

◎ 小規模宅地等の特例 + 債務・葬式費用 + 非課税財産

　死亡保険金や自宅の土地などは、非課税枠や課税価格の減額があるた
め、それらをステップ1の金額から差し引きます。また、相続人が負担
した**債務・葬式費用**や、国や公益法人、認定NPO法人などへの**寄附金**
もマイナスします。これらを差し引いた後の金額を**課税価格の合計額**と
呼びます。

ステップ3 基礎控除額（非課税枠）を引く

　実際に相続税がかかるのは、**課税価格の合計額**から**基礎控除額**を引い
た残りの**課税遺産総額**の部分です。

■ 相続税のかかる部分は？

相続財産	みなし相続財産	生前贈与財産

課税価格の合計額	小規模宅地等の特例※要申告	債務・葬式費用	非課税財産

課税遺産総額	基礎控除額

↑
この部分に相続税がかかります。

課税価格の合計額	＞	基礎控除額	相続税がかかる
課税価格の合計額	≦	基礎控除額	相続税はかからない

第6章 相続税の基本的手続

 相続税と贈与税の一体化が進んでいる ············

　相続税は「亡くなるとき」に、贈与税は「生きている間」に、無償で財産をもらうとかかる税金です。相続は一生に一度ですが贈与は何回でもできるため、近年、贈与を相続税の節税に使う人が増えていました。

　しかし国は、同じ「ただでもらう」行為なのにタイミングで税負担が変わるのは好ましくなく、相続と贈与をできるだけ一体で課税したいと、相続財産に加算する暦年課税の贈与の年数を3年から7年に延長し、さらに、相続時精算課税の贈与をしやすくするため、相続時精算課税にも年110万円の基礎控除を新設しました。このように、生前贈与は相続税に大きな影響を及ぼす点に注意が必要です。

法改正 P18

189

03 相続税を計算しましょう②

相続税の非課税枠である「基礎控除額」
我が家の場合はいくらになるか、確認してみましょう。

できるだけ
すみやかに

前ページまででご説明したように、**課税価格の合計額**が**基礎控除額**を超えていた場合は相続税がかかりますが、基礎控除額に満たなければかかりません。税務署への手続なども不要です。

相続税の基礎控除額

相続税には**基礎控除額**と呼ばれる非課税枠があり、3,000万円＋600万円×法定相続人の数で計算します。

平成27年に基礎控除額が引き下げられて以後、相続税の課税対象者は年々増えていて、令和4年中に亡くなった方のうち相続税が課税された人の割合は、全国平均で過去最高の9.6％にのぼります。また、相続税は納めていなくても、相続税の負担が軽くなる特例を使うため、相続税の申告書を税務署に提出した人の割合は12.1％にもなっています。

わが家の相続税の基礎控除額は

3,000万円 ＋ 600万円 × [   ] 人 ＝ [   ] 万円

法定相続人の数

基礎控除額は「法定相続人の数」に応じて決まる

例えば、夫が亡くなり、妻と子ども2人が相続人（法定相続人の数が3人）の場合の基礎控除額は、3,000万円＋600万円×3＝4,800万円です。つまり、自宅と金融資産とで4,000万～5,000万円程度の財産をお持ちの方にも、相続税がかかる可能性があります。

近年はインフレで株価や地価が上がり、遺産をもれなくすみやかに探し、全体像を把握する重要性が増していますので注意しましょう。

◼ 相続税の基礎控除額

法定相続人の数	基礎控除額
1人	3,600万円
2人	4,200万円
3人	4,800万円
4人	5,400万円
5人	6,000万円

相続税の税率

　相続税の税率は10〜55％の8段階です。ただし、課税価格の合計額から基礎控除額を引いた残りの課税遺産総額に税率をかける方法ではないため、少し複雑です。詳しくは次のページでご説明します。

◼ 相続税の速算表

法定相続分に応ずる取得金額		税率	控除額
1,000万円以下		10％	―
1,000万円超	3,000万円以下	15％	50万円
3,000万円超	5,000万円以下	20％	200万円
5,000万円超	1億円以下	30％	700万円
1億円超	2億円以下	40％	1,700万円
2億円超	3億円以下	45％	2,700万円
3億円超	6億円以下	50％	4,200万円
6億円超		55％	7,200万円

04 各人の相続税額を計算しましょう

各相続人が負担する相続税の税額は
2段階で計算するため少し手間がかかります。

できるだけ
すみやかに

　相続税の計算は、課税遺産総額に税率をかけるのではなく、相続人が財産をいったん法定相続分で分けたと仮定して、計算を進める点がポイントです。国にとっては、財産の分け方が変わっても、税収が変わらないというメリットがあります。

各人が実際に納める相続税額の計算方法

　（計算例：9,800万円の財産を妻と子A・Bの計3人で相続する場合）

（1）財産を法定相続分で分けたと仮定する

　課税価格の合計額9,800万円から基礎控除額4,800万円（3,000万円＋600万円×3人）を差し引いた5,000万円が、課税遺産総額です。

　この課税遺産総額の5,000万円を、法定相続分で分けたと仮定します。ここでは、実際にどのように相続したかは考慮しません。

（2）相続税の総額を求める

　（1）に前ページの速算表の税率をそれぞれかけ、控除額を控除すると、妻が325万円、子A・Bが137万5,000円ずつになります。その合計額の600万円が、相続税の総額になります。

（3）実際に財産を相続した割合で相続税の総額をあん分する

　（2）で求めた相続税の総額600万円を、妻と子A・Bが実際に財産を相続した割合であん分します。

　例えば、妻が2分の1、子Aが6分の1、子Bが3分の1の割合で財産を相続した場合は、600万円をこの割合であん分した金額が、各人が納める相続税額になります。

■ **計算例 【前提条件】** 相続人：妻・子Ａ・Ｂ／財産額：9,800万円

（1） 課税価格の合計額から基礎控除額を引き、課税遺産総額を法定相続分で分ける

課税価格の合計額　9,800万円

3,000万円＋
600万円×3
＝4,800万円

課税遺産総額　5,000万円　　基礎控除額　4,800万円

妻　　：5,000万円×法定相続分1/2＝2,500万円

子Ａ：5,000万円×法定相続分1/4＝1,250万円

子Ｂ：5,000万円×法定相続分1/4＝1,250万円

（2）（1）に191ページの速算表の税率をかけ、控除額を控除し総額を求める

妻　　：2,500万円×15％－50万円＝325万円
子Ａ：1,250万円×15％－50万円＝137万5,000円
子Ｂ：1,250万円×15％－50万円＝137万5,000円

相続税の総額
600万円

（3） 相続税の総額600万円を実際に財産を相続した割合であん分する

妻　　：600万円×1/2＝300万円
子Ａ：600万円×1/6＝100万円
子Ｂ：600万円×1/3＝200万円

 ポイントメモ　「法定相続人の数」と「相続人の人数」の違い……

　相続税の基礎控除額は、3,000万円＋600万円×法定相続人の数で計算します。ただし、相続放棄をした人がいる場合や、養子が2人以上いる場合、「法定相続人の数」は「相続人の人数」と一致しませんので気をつけましょう。相続放棄や養子縁組は当事者の意思だけで自由に行えますが、それにより相続税の非課税枠や税率などが変わることを避けるため、相続税申告では「法定相続人の数」を使います。相続税申告のボーダーラインにかかわることなので、違いを理解しておきましょう。

困ったときは
こちらを確認 ▶ **相続税額の早見表**

相続税の計算は難しそう…。
そんな方はこの早見表を参考にして下さい。

■ 配偶者がいる場合

相続財産 (基礎控除額 控除前)	子どもの数			
	1人	2人	3人	4人
6,000万円	90万円	60万円	30万円	0
7,000万円	160万円	113万円	80万円	50万円
8,000万円	235万円	175万円	138万円	100万円
9,000万円	310万円	240万円	200万円	163万円
1億円	385万円	315万円	263万円	225万円
1億2,000万円	580万円	480万円	403万円	350万円
1億4,000万円	780万円	655万円	578万円	500万円
1億6,000万円	1,070万円	860万円	768万円	675万円
1億8,000万円	1,370万円	1,100万円	993万円	900万円
2億円	1,670万円	1,350万円	1,218万円	1,125万円
2億5,000万円	2,460万円	1,985万円	1,800万円	1,688万円
3億円	3,460万円	2,860万円	2,540万円	2,350万円
3億5,000万円	4,460万円	3,735万円	3,290万円	3,100万円
4億円	5,460万円	4,610万円	4,155万円	3,850万円
5億円	7,605万円	6,555万円	5,963万円	5,500万円
7億円	1億2,250万円	1億870万円	9,885万円	9,300万円
10億円	1億9,750万円	1億7,810万円	1億6,635万円	1億5,650万円

■ 子どもだけの場合

相続財産 （基礎控除額 控除前）	子どもの数			
	1人	2人	3人	4人
6,000万円	310万円	180万円	120万円	60万円
7,000万円	480万円	320万円	220万円	160万円
8,000万円	680万円	470万円	330万円	260万円
9,000万円	920万円	620万円	480万円	360万円
1億円	1,220万円	770万円	630万円	490万円
1億2,000万円	1,820万円	1,160万円	930万円	790万円
1億4,000万円	2,460万円	1,560万円	1,240万円	1,090万円
1億6,000万円	3,260万円	2,140万円	1,640万円	1,390万円
1億8,000万円	4,060万円	2,740万円	2,040万円	1,720万円
2億円	4,860万円	3,340万円	2,460万円	2,120万円
2億5,000万円	6,930万円	4,920万円	3,960万円	3,120万円
3億円	9,180万円	6,920万円	5,460万円	4,580万円
3億5,000万円	1億1,500万円	8,920万円	6,980万円	6,080万円
4億円	1億4,000万円	1億920万円	8,980万円	7,580万円
5億円	1億9,000万円	1億5,210万円	1億2,980万円	1億1,040万円
7億円	2億9,320万円	2億4,500万円	2億1,240万円	1億9,040万円
10億円	4億5,820万円	3億9,500万円	3億5,000万円	3億1,770万円

（注意点）
・配偶者がいる場合の早見表では、配偶者の税額軽減の特例 P196 を適用してい
ます。
・相続人が法定相続分で財産を相続した場合に全員が納める相続税の総額です。
・税額は万円未満を四捨五入しています。

05 相続税の軽減・加算措置を確認しましょう

個々の事情を考慮して、相続税には様々な特例が
あります。主なものを確認していきましょう。

できるだけ
すみやかに

　相続税には課税価格の減額や税額控除など、相続税が軽減される特例がいくつかあります。ただし、相続税の申告書を税務署に提出しないと適用を受けられないなど、特例を受けるにはいろいろな要件があるので確認してみましょう。

相続税の負担が軽くなる特例

（1）配偶者の税額軽減

　亡くなった方の戸籍上の配偶者は、1億6,000万円か法定相続分のどちらか多い財産額までは、相続税がかからずに相続できます。

（2）小規模宅地等の特例

　亡くなった方が自宅や事業に使っていた土地は、一定の面積まで課税価格が80%または50%減額されます。

（3）贈与税額控除

　亡くなった方から、相続開始前7年以内（改正により順次）に生前贈与で財産をもらったときに納めた贈与税は、相続税から差し引けます。

（4）未成年者控除・障害者控除

　相続人が18歳未満の未成年者や障害者の場合は、年齢に応じて一定の金額を相続税から差し引けます。また、未成年者や障害者本人の相続税から差し引くことができない分は、その扶養義務者の相続税から差し引けます。

（5）相次相続控除

　10年以内に2回以上の相続があった場合には、1回目のときにかかった相続税の一部を、2回目の相続税から差し引けます。

相続税の負担が重くなる特例

（1）相続税額の2割加算

　遺言書を作成すれば、相続人以外の人に財産を渡すことができます。ただし、配偶者・子ども・親以外の人が財産をもらった場合、相続税は2割増しになります。なお、子どもには**養子**も含まれますが、孫を養子にした場合は例外的に2割加算の対象になります。

■ 配偶者の税額軽減・未成年者控除の計算例

【前提条件】相続人：妻・子8歳／財産額：9,200万円

① 課税価格の合計額から基礎控除額を引き、課税遺産総額を法定相続分で分ける

課税価格の合計額　9,200万円

3,000万円＋600万円×2＝4,200万円

課税遺産総額　5,000万円	基礎控除額　4,200万円

→ 妻 ： 5,000万円×法定相続分1/2＝2,500万円

→ 子 ： 5,000万円×法定相続分1/2＝2,500万円

② ①に191ページの速算表の税率をかけ、控除額を控除し総額を求める

妻 ： 2,500万円×15％－50万円＝325万円
子 ： 2,500万円×15％－50万円＝325万円 ｝ 相続税の総額　650万円

③ 相続税の総額650万円を実際に相続した財産の割合であん分する

妻 ： 650万円×1/2＝325万円
子 ： 650万円×1/2＝325万円

④ 配偶者の税額軽減と未成年者控除を適用する

妻 ： 325万円－325万円（配偶者の税額軽減）＝0
子 ： 325万円－100万円（未成年者控除）＝225万円

※未成年者控除　10万円×10年（18歳になるまでの年数）＝100万円

06 土地の評価額を計算しましょう①

相続財産の大半を占める土地。これをどう
評価するかで、相続税額は大きく変わります。

できるだけ
すみやかに

亡くなった日の残高が、そのまま相続税の評価額になる預金とは違い、土地は特別な方法で評価するので、難しいと思われがちです。

しかし、相続財産の大半が**自宅の土地**ということも多いので、自分でも大まかに、土地の評価額を求めることができた方が安心でしょう。

■ 相続税 申告財産の種類別価額（令和4年分）

その他
24,877億円　11.4%

家屋
11,092億円　5.1%

有価証券
35,702億円　16.3%

現金・預貯金等
76,304億円　34.9%

土地
70,688億円
32.3%

相続税
申告財産額合計
218,663億円

宅地（建物が建っている土地）

宅地とは、自宅や賃貸アパート、事務所用のビルが建っている土地や貸宅地、借地権などのことをいい、**路線価方式**または**倍率方式**のいずれかで評価します。

路線価方式とは、**路線価**に面積をかけて評価する方法で、倍率方式とは、固定資産税評価額に**倍率**をかけて評価する方法です。路線価と倍率は、国税庁のウェブサイト（https://www.rosenka.nta.go.jp/）に公表されていて、誰でも確認できます。固定資産税評価額は、固定資産税の納税通知書に同封されている「令和〇〇年度固定資産税課税明細書」に記載があるので、所有者なら自分で確認ができます。

農地（田、畑）、山林

通常は倍率方式で評価しますが、宅地へ転用できる可能性を考慮して、住居や商店が多いエリアである市街地の農地などは、**宅地比準方式**（農地などが宅地であるとした場合の価額から、転用する場合にかかる造成費相当額を控除した金額により評価する方法）で評価します。

雑種地（貸駐車場、資材置き場などの土地）

その雑種地の近くにあって状況がよく似た土地（近傍地）の１㎡あたりの価額に一定の補正をし、面積をかけて評価額を求めます。詳しくは都税事務所や市区町村の固定資産税課で確認します。

■ 土地の評価方法

土地の種類	評価方法	
宅地	路線価方式　または　倍率方式	P200
農地、山林	倍率方式　または　宅地比準方式	
雑種地	近傍地の１㎡あたりの価額に補正をし、面積をかける	

ポイントメモ　**土地は地目ごとに評価します**

土地は利用状況をあらわす「地目」ごとに評価します。例えば、自宅の隣が貸駐車場なら、自宅は宅地で貸駐車場は雑種地なので、分けて別々に評価します。ただし、自宅の隣が畑の場合、地目は宅地と畑なので別々に評価しますが、育てた野菜を家族で食べる程度の家庭菜園は、畑ではなく宅地と考え、分けずに一体で評価することが多いです。

自宅	貸駐車場		自宅	畑		自宅	家庭菜園

| 別々に評価 | 別々に評価 | 一体で評価 |

第6章 相続税の基本的手続

199

07 土地の評価額を計算しましょう②

計算例を参考にしながら
自宅の土地を評価してみましょう。

できるだけ
すみやかに

まず、国税庁のウェブサイト（https://www.rosenka.nta.go.jp/）の評価倍率表で自宅の町名を探します。「路線」と書かれていたら路線価方式、「1.1」などの倍率が書かれていたら、倍率方式で評価することになります。

路線価方式

市街地にある宅地は、その宅地が面している道路につけられた**路線価**に、面積をかけて評価額を求めます。

路線価とは、その道路に面する標準的な宅地の1㎡あたりの価額のこと。国土交通省が公表している、毎年1月1日現在の土地の価格（公示価格）の約8割の水準になるように設定されています。

また、標準的な形の土地でない場合、例えば、形がいびつ、間口がせまいといった事情を加味するため、**補正率**で調整を行います。

［例］　58万円　×　　　0.97　　　× 100.00㎡ ＝　5,626万円
　　　路線価　　間口狭小補正率　　　面積　　　　評価額

■ 路線価図の見方

数字は1,000円単位。
この道路に面する宅地は
1㎡あたり58万円。

580C

公
70

(10)

拡大

倍率方式

市街地から離れた地域の宅地は、**固定資産税評価額**に倍率をかけて評価額を求めます。面積をかけないように注意しましょう。

［例］　　　2,000万円　　×　1.1　＝　2,200万円
　　　　固定資産税評価額　　倍率　　　評価額

■ 課税明細書の見方（例：東京23区）

令和6年度固定資産税・都市計画税課税明細書
本年度課税された、1月1日現在あなたが所有している固定資産（土地・家屋）の明細をお知らせします。

土地の所在地	登記地目	登記地積 ㎡	価格 円	固定前年度課標等 円	都計前年度課標等 円
	現況地目	現況地積 ㎡	固定本則課税標準額 円	固定課税標準額 円	都計課税標準額 円
	課税地目	非課税地積 ㎡	都計本則課税標準額 円	固定資産税(相当)額 円	都市計画税(相当)額 円
○○一丁目18番1	宅地	100.00	20,000,000		
	宅地	100.00	××××××		
			××××××		

土地の固定資産税評価額は
「価格」欄や「評価額」欄の
金額です。間違えやすいの
で要注意！

201

マンションを利用した節税が目立つようになったため、居住用の**分譲マンションの1室**の評価方法が改正されました。大まかな考え方を確認しておきましょう。

今までの評価方法

　マンションの1室は、**土地**（敷地利用権）と**建物**（区分所有権）を別々に分けて評価します。

> ### マンションの1室　＝　土地＋建物

土地と建物を別々に評価します。

　評価方法は、普通の戸建てと同じです。土地は、マンションの敷地全体を路線価方式や倍率方式で評価し、自分の共有持分をかけます。建物は、固定資産税評価額をそのまま使います。

土地の評価 P198

今後は「区分所有補正率」をかけて評価

　令和6年1月1日以後の相続や贈与からは、上記の方法による土地・建物の評価額に、**区分所有補正率**というものをかけて評価します。

　マンションの市場価格が上昇しており、相続税の評価額を市場価格の6割程度に引き上げるため、このように改正されました。

202

$$土地 ＝ 従来の方法による評価額×区分所有補正率$$

$$建物 ＝ 従来の方法による評価額×区分所有補正率$$

※居住用の分譲マンションの1室（区分所有財産）以外、例えば、事業用テナント物件の1室、1棟すべてを所有している賃貸マンション、2階建て以下の集合住宅、一定の二世帯住宅などは、この評価方法の対象外になります。

■ 区分所有補正率の求め方

①自分の部屋（専有部分の建物）の**登記事項証明書**を準備します。

登記事項証明書 P128

②以下を確認します。

   A　築年数

   B　総階数

   C　専有部分の所在階

   D　専有部分の床面積、敷地の面積（地積）、敷地権の割合

③ ②を国税庁のウェブサイトにあるエクセル※に入力すると、自動で区分所有補正率が計算されます。

※居住用の区分所有財産の評価に係る区分所有補正率の計算明細書
https://www.nta.go.jp/taxes/tetsuzuki/shinsei/annai/hyoka/annai/1470-17.htm

 ポイントメモ 　改正の影響について 　・・・・・・・・・・・・・・・・・

　この改正が適用されるかは、マンションの建っている地域や、所有の目的などは問いません。自宅として普通にマンションに住んでいる方にも幅広く影響があります。補正率を計算した結果、郊外や低層のマンションの場合は、逆に評価額が低くなったり、補正が不要になったりするケースも考えられます。また、小規模宅地等の特例や貸している場合の評価減は、この評価の後に行います。改正の影響が気になる方は、税理士などの専門家に確認してみましょう。

小規模宅地等の特例 P204

08 小規模宅地等の特例を確認しましょう①

この特例を使えれば、一定の面積まで土地の課税価格が80%または50%減額されます。 | 原則10か月以内

　土地の評価額を求めたら、次に、その土地が小規模宅地等の特例の対象になるかを確認します。この特例を使えれば、亡くなった方の居住用または事業用だった土地の課税価格を80%または50%減額できます。内容を大まかに確認してみましょう。

「対象になる土地」の区分と上限面積・減額割合は3タイプ

区分	上限面積	減額割合
（1）特定居住用（自宅の敷地）	330㎡	▲80%
（2）特定事業用（商売用の土地）	400㎡	▲80%
（3）貸付事業用（賃貸業の土地）	200㎡	▲50%

（1）特定居住用

　故人の自宅敷地のうち、330㎡までを80%減額できます。

（2）特定事業用

　故人が貸付事業用以外の個人事業や商売に使っていたお店や工場などの敷地のうち、400㎡までを80%減額できます。

（3）貸付事業用

　貸家や賃貸マンション、貸駐車場の敷地など、故人が有償で貸していた土地のうち、200㎡までを50%減額できます（例外があります）。

「対象になる取得者」は、要件を満たした親族だけ

　上記3タイプの土地を、次の表に掲げた要件を満たす**親族**が引き継げば特例が使えます。親族とは、配偶者・6親等内の血族・3親等内の姻族のことです。要件さえ満たせば相続人以外の親族も特例を使えます。

■ 小規模宅地等の特例が使える親族の要件

区分	引き継いだ人	要件
(1) 特定居住用	①配偶者	なし
	②同居親族	申告期限までその土地を持ち続け、家屋に住み続けること
	③別居親族 ※①②に該当する法定相続人（相続放棄した人を含む）がいない場合に限る	申告期限までその土地を持ち続けること。ただしその別居親族が、相続開始時に住んでいた家屋を過去に所有していたことがある場合や、相続開始前3年以内に日本国内にある自分・配偶者・3親等内の親族・特別の関係のある法人の所有する家に住んでいた場合を除く。
(2) 特定事業用	親族	申告期限までその土地を持ち続け、事業を続けること。ただし、その他一定の要件あり。
(3) 貸付事業用		

【参考】その他の細かな注意点

　小規模宅地等の特例を使う場合は、以下の点にも注意して下さい。

・故人の居住用や事業用だったかは、相続直前の利用状況で判断します。
・申告期限後は、土地を売っても引っ越しても事業をやめても構いません。
・分譲マンションの敷地権にも、特例を使えます。

> 分譲マンションの1室の評価方法　P202

・自宅が二世帯住宅で、故人と親族が別の独立部分に住んでいても、区分所有という形で登記していなければ、同居していたと考えます。
・故人が相続開始時に要介護や要支援などの認定を受けていて老人ホームで亡くなった場合も、入所前に住んでいた家を自宅と考えます（故人の生計一親族以外の人が新たに自宅へ移り住んだ場合を除く）。
・（1）の特定居住用と（2）の特定事業用は、別枠でそれぞれの上限面積まで、最大合計730㎡まで80％減額できます。ただし、（3）の貸付事業用を（1）や（2）と組み合わせて適用するときは、以下の算式で全体として200㎡以下になるよう調整計算を行います。

$$\left(\text{(2)特定事業用}\times\frac{200}{400}\right)+\left(\text{(1)特定居住用}\times\frac{200}{330}\right)+\text{(3)貸付事業用}\leqq200㎡$$

09 小規模宅地等の特例を確認しましょう②

この特例を使うには、いくつか
忘れてはならないポイントがあります。　　　原則10か月以内

対象になる土地と取得者の要件を満たしていても、小規模宅地等の特例を使うには、忘れてはならないポイントがあと2つあります。

対象になる土地・取得者　P204・P205

ポイント1　「相続税の申告書」を提出すること

評価額が5,000万円の自宅の敷地を同居親族が相続すれば、自動的に80%減額でき、1,000万円で相続税を計算できるわけではありません。

この特例の適用を受けることを記載した明細書と相続税の申告書を、所轄の税務署に提出する必要があります。

明細書の書き方　P219

ポイント2　申告書提出までに「遺産分割協議」をまとめること

この特例は、要件を満たす親族が相続したときにしか使えません。つまり、相続税の申告書を提出するまでに、誰がその土地を相続するのかを決める必要があります。相続税の申告期限は、相続の開始があったことを知った日（通常は死亡日）の翌日から10か月以内です。

仮に、故人の財産すべてについての遺産分割協議がまとまらなくても、特例の対象になる土地だけでも誰が相続するのかが決まれば特例を使えます。これを一部分割といいます。

しかし、それも難しい場合には、減額を行わない形の相続税の申告書と申告期限後3年以内の分割見込書というものを、申告期限までに所轄の税務署に提出し、相続税を多めに納めます。その上で3年以内に遺産分割協議がまとまれば、更正の請求という手続を行って特例の適用を受け、納めすぎた税金を返してもらえます。

遺産分割協議　P140　　更正の請求　P229

■ 小規模宅地等の特例の計算例

【前提条件】

故人の自宅の土地と建物を同居して
いた長男が相続し、相続税の申告期限
まで持ち続け、住み続けた。

◎土地

① 相続税評価額　5,000万円

② 小規模宅地等の特例による減額金額

$$5,000万円 \times \frac{330㎡}{440㎡} \times 80\% = \underline{3,000万円}$$

③ ① − ② = 2,000万円

◎建物

2,000万円

◎合計

土地2,000万円 + 建物2,000万円 = 4,000万円

建物
固定資産税評価額
2,000万円

土地　440㎡
相続税評価額　5,000万円

 ポイントメモ 「生計一親族」の自宅の土地に特例が使えることも

実は、故人ではなくその方と生計を一にしていた親族の居住用、事業用、貸付用の土地にも、この特例を適用できることになっています。

「生計を一にしていた親族」とは、故人とお財布を一緒にしていたような間柄の親族のことです。同居や別居といった物理的なことだけではなく、日常生活の経済的な側面でも判断します。

例えば、父名義の土地の上に、父の生計一親族である長男が家を建て、住んでいる状態で父が亡くなったとします。その土地は亡くなった父の居住用ではありませんが、生計一親族である長男の居住用の土地なので特例の適用を受けられます。他にも小規模宅地等の特例には細かい要件が多いので、税務署や税理士などの専門家に確認しましょう。

⑩ 有価証券の評価額を確認しましょう

上場株式、公社債、投資信託などは、金融機関発行の残高証明書などをもとに評価しましょう。

できるだけ
すみやかに

上場株式の評価方法

　上場株式とは、東京証券取引所などに上場している株式のことをいい、課税時期（死亡日）の最終価格で評価します。

　ただし、株価は日々大きく変動するため、課税時期の最終価格と、「亡くなった月」、「その前月」、「その前々月」の毎日の最終価格の月平均額を比較し、最も低いものを使ってもよいことになっています。また、課税時期が土日休日や年末年始で取引自体がないときは、課税時期前後で一番近い日の最終価格を使います。

■ 上場株式の評価明細書のひな型

4つのうち、もっとも
低い価額を使います。

公社債の評価方法

　公社債には、国が発行する国債、県や市が発行する地方債、企業が発行する社債があり、最終価格のあるものは**最終価格**、ないものは**発行価額**、個人向け国債は**額面金額**をもとに、利息を考慮して評価します。

　最終価格や発行価額は、券面額100円あたりの価額になっていることが一般的です。

投資信託の評価方法

投資信託とは、投資家から集めたお金を株式や公社債で運用し、利益を分配する仕組みの金融商品で、時価である**基準価額**をもとに評価します。基準価額は1万口あたりで公表されていることが多く、以下のいずれかの方法で評価しますが、どれに該当するか分からなければ、金融機関に確認してみましょう。

（1）日々決算型のもの

MRFやMMF、中期国債ファンドなどは、死亡日に解約請求などをした場合に、金融機関から支払を受けられる金額で評価します。算式は以下のとおりです。

$$
\frac{1口あたり}{の基準価額} \times 口数 + \frac{再投資}{されていない}_{未収分配金} - \frac{源泉徴収される}{所得税に相当}_{する金額} - \frac{信託財産留保額}{および}_{解約手数料}
$$

（2）上場している投資信託

上場している投資信託（ETF）や不動産投資信託（J-REIT）は、上場株式と同じ方法で評価します。

上場株式の評価　P208

（3）上場していない投資信託

上場していない投資信託は、死亡日に解約請求などをした場合に、証券会社から支払いを受けられる金額で評価します。算式は以下のとおりです。

$$
\frac{1口あたり}{の基準価額} \times 口数 - \frac{源泉徴収される}{所得税に相当する金額} - \frac{信託財産留保額}{および解約手数料}
$$

209

11 非上場株式の評価額を確認しましょう

● 該当する方に必要な手続 ●

非上場株式（取引相場のない株式）は会社に
対する支配力の強さに応じた方法で評価します。

できるだけ
すみやかに

　非上場株式の評価方法には、原則的評価方式と特例的評価方式の2つがあり、その株式を「誰が相続するか」によって評価方法が変わります。

原則的評価方式と特例的評価方式

　株式を相続した人やその親族が、会社のオーナー一族であるなど、会社の支配や経営権の行使を目的として株式を保有している場合は、**原則的評価方式**で評価します。

　一方、従業員や取引先、またはオーナー一族でも保有議決権の少ない株主など、会社の事業への関与度合いが低く配当金をもらう以上の影響力を持たない少数株主の場合は、**特例的評価方式**で評価します。

　つまり、会社への影響力の大きさで、評価方法が変わります。

原則的評価方式

　原則的評価方式は、従業員数・純資産価額・取引金額の3要素をもとに会社の規模を大会社・中会社・小会社の3つに分けて、**類似業種比準価額、純資産価額、両者を併用した価額**のいずれかで評価額を求めます。

特例的評価方式

　特例的評価方式は、会社の規模にかかわらず、直近2年間の配当金額をもとにした**配当還元価額**で評価します。

210

■ 非上場株式の評価方法

【原則的評価方式】

会社の規模		評価方法
大会社		類似業種比準価額 ※純資産価額の方が低ければ、純資産価額
中会社	大	類似業種比準価額×0.90＋純資産価額×0.10
	中	類似業種比準価額×0.75＋純資産価額×0.25
	小	類似業種比準価額×0.60＋純資産価額×0.40
小会社		① 純資産価額 ② 類似業種比準価額×0.50＋純資産価額×0.50 ※①と②のいずれか低い方

◎類似業種比準価額

業種の類似した上場会社の平均株価と、1株あたりの配当金額、年利益金額、純資産価額などを比較し、株式の評価額を算出する。

◎純資産価額

相続税評価額で評価した資産の額から、負債の額、法人税相当額を控除した金額を発行済株式数で除して、株式の評価額を算出する。

【特例的評価方式】配当還元価額

$$\frac{年配当金額}{10\%} \times \frac{1株あたりの資本金等の額}{50円}$$

※年配当金額は直前期末以前2年間の平均
※1株あたりの資本金等の額は1株50円換算

■ 会社規模の判定方法

会社規模		大会社	中会社			小会社
			大	中	小	
従業員数※		70人以上	35人超 70人未満	20人超 35人以下	5人超 20人以下	5人以下
総資産価額（帳簿価額）※	卸売業		20億円以上	4億円以上	2億円以上	7,000万円以上	7,000万円未満
	サービス業 小売・		15億円以上	5億円以上	2億5,000万円以上	4,000万円以上	4,000万円未満
	上記以外		15億円以上	5億円以上	2億5,000万円以上	5,000万円以上	5,000万円未満
年取引金額	卸売業		30億円以上	7億円以上	3億5,000万円以上	2億円以上	2億円未満
	サービス業 小売・		20億円以上	5億円以上	2億5,000万円以上	6,000万円以上	6,000万円未満
	上記以外		15億円以上	4億円以上	2億円以上	8,000万円以上	8,000万円未満

※従業員数が70人以上の会社は人会社になります。
※従業員数が70人未満の会社は、従業員数と総資産価額についていずれか下の区分を選択した上で、さらに年間取引金額とを比較して、どちらか上の区分を選択します。

 ポイントメモ **特定の評価会社** ・・・・・・・・・・・・・・・・・・・・・・・・・・・・・・

　株式や土地を多く保有する会社、開業後3年未満の会社などは原則として純資産価額で、少数零細株主なら配当還元価額で評価します。

⑫ 相続税の申告書を作成しましょう

それでは相続税の申告書を作成してみましょう。
難しそうだったら、税理士に相談を。

原則10か月以内

相続税を申告しなければならない人は？

次ページの第1表「⑥課税価格」がその下の欄の「遺産に係る基礎控除額」を超える場合は、税務署に相続税の申告書を提出し、相続税を納める義務があります。また、1億6,000万円か法定相続分のどちらか多い財産額までなら配偶者が無税で相続できる**配偶者の税額軽減**や、故人が自宅などに使っていた土地につき、課税価格が80％または50％減額される**小規模宅地等の特例**を使えば相続税を納める必要のない人なども、特例の適用を受けるには、必ず申告書を提出しなければなりません。

申告・納税の期限は、**相続の開始があったことを知った日（通常は死亡日）の翌日から10か月以内**です。

実際の手続方法

相続税の申告書は、通常、相続人など申告義務のある人の**全員**が、共同で1通を作成し、同じ書類に記入した上で、故人の死亡時の住所地の所轄税務署に提出します。

■ 相続税の申告書の提出方法

提出書類	相続税の申告書（税務署の窓口で入手するか、国税庁のウェブサイトからダウンロードします）
提出先	被相続人の住所地の所轄税務署 電子申告も可
提出期限	相続の開始があったことを知った日（通常は死亡日）の翌日から10か月以内
提出義務者	被相続人から相続または遺贈により財産をもらった人

第6章 相続税の基本的手続

213

■ 第1表（相続税の申告書）の書き方

死亡日を記入します。

申告書提出時ではなく死亡日の年齢を記入します。

相続人は相続に、相続人以外は遺贈に○をします。

第13表3⑦欄から転記します。

課税価格＞基礎控除額なら申告義務があります。課税価格は1,000円未満切捨て。

申告書提出日現在の住所を記入します。

第2表⑧欄から転記します。

小数点以下2位未満は、相続人全員の合計が1になるように自由に決めてOKです。

第5表1⑱欄から転記します。

税額は100円未満切捨て。

214

■ 第2表（相続税の総額の計算書）の書き方

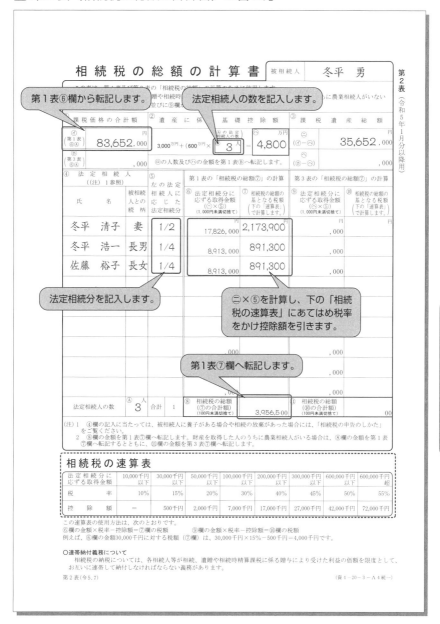

相続税の総額の計算書　被相続人　冬平　勇

第1表⑥欄から転記します。

法定相続人の数を記入します。

①課税価格の合計額	②遺産に係る基礎控除額	③課税遺産総額
（イ）第1表⑥Ⓐ　83,652,000円	3,000万円＋（600万円×Ⓐの法定相続人の数　3人）＝4,800万円	（イ−ロ）　35,652,000円
（ロ）第3表⑥Ⓐ　　,000	ロの人数及びハの金額を第1表Ⓑへ転記します。	（ハ−ロ）　　,000

④法定相続人（注）1参照		⑤左の法定相続人に応じた法定相続分	第1表の「相続税の総額⑦」の計算		第3表の「相続税の総額⑦」の計算	
氏名	被相続人との続柄		⑥法定相続分に応ずる取得金額（ハ×⑤）(1,000円未満切捨て)	⑦相続税の総額の基となる税額 下の「速算表」で計算します。	⑨法定相続分に応ずる取得金額（ハ×⑤）(1,000円未満切捨て)	⑩相続税の総額の基となる税額 下の「速算表」で計算します。
冬平　清子	妻	1/2	17,826,000円	2,173,900円	円	円
冬平　浩一	長男	1/4	8,913,000	891,300	,000	
佐藤　裕子	長女	1/4	8,913,000	891,300	,000	
					,000	
					,000	
					,000	
					,000	
法定相続人の数　Ⓐ　3人	合計　1	⑧相続税の総額（⑦の合計額）(100円未満切捨て)　3,956,500		⑪相続税の総額（⑩の合計額）(100円未満切捨て)　00	

法定相続分を記入します。

ハ×⑤を計算し、下の「相続税の速算表」にあてはめ税率をかけ控除額を引きます。

第1表⑦欄へ転記します。

(注)　1　④欄の記入に当たっては、被相続人に養子がある場合や相続の放棄があった場合には、「相続税の申告のしかた」をご覧ください。
　　　2　⑧欄の金額を第1表⑦欄へ転記します。財産を取得した人のうちに農業相続人がいる場合には、⑧欄の金額を第1表⑦欄へ転記するとともに、⑪欄の金額を第3表⑦欄へ転記します。

相続税の速算表

法定相続分に応ずる取得金額	10,000千円以下	30,000千円以下	50,000千円以下	100,000千円以下	200,000千円以下	300,000千円以下	600,000千円以下	600,000千円超
税率	10%	15%	20%	30%	40%	45%	50%	55%
控除額	−	500千円	2,000千円	7,000千円	17,000千円	27,000千円	42,000千円	72,000千円

この速算表の使用方法は、次のとおりです。
⑥欄の金額×税率−控除額＝⑦欄の税額　　　⑨欄の金額×税率−控除額＝⑩欄の税額
例えば、⑥欄の金額30,000千円に対する税額（⑦欄）は、30,000千円×15％−500千円＝4,000千円です。

○連帯納付義務について
　相続税の納税については、各相続人等が相続、遺贈や相続時精算課税に係る贈与により受けた利益の価額を限度として、お互いに連帯して納付しなければならない義務があります。

第2表（令5.7）

(資４−20−３−Ａ４統一)

第2表（令和5年1月分以降用）

第6章　相続税の基本的手続

215

■ 第5表（配偶者の税額軽減額の計算書）の書き方

第11表配偶者の①欄から転記します。

第1表⑥Ⓐの金額を転記します。

配偶者の税額軽減額の計算書

被相続人　冬平　勇

第5表（平28.7）（平成27年4月分以降用）

私は、相続税法第19条の2第1項の規定による配偶者の税額軽減の適用を受けます。

1　一般の場合　この表は、①被相続人から相続、遺贈や相続時精算課税に係る贈与によって財産を取得した人のうちに農業相続人がいない場合又は②配偶者が農業相続人である場合に記入します。

配偶者の法定相続分を記入します。

課税価格の合計額のうち配偶者の法定相続分相当額

（第1表のⒶの金額）　　　〔配偶者の法定相続分〕
83,652,000円　×　1/2　＝　41,826,000円

上記の金額が16,000万円に満たない場合には、16,000万円　→　160,000,000

| ①分割財産の価額（第11表の配偶者の①の金額） | 分割財産の価額から控除する債務及び葬式費用の金額 | | ⑤純資産価額に加算される暦年課税分の贈与財産価額（第1表の配偶者の⑤の金額） | ⑥（①－④＋⑤）の金額（⑤の金額より小さいときは⑤の金額）（1,000円未満切捨て） |
| | ②債務及び葬式費用の金額（第1表の配偶者の③の金額） | ③未分割財産の価額（第11表の配偶者の②の金額） | ④（②－③）の金額（③の金額が②の金額より大きいときは0） | | |

配偶者の税額軽減額を計算する場合の課税価格

| 80,411,221円 | 2,758,500円 | 円 | 2,758,500円 | 円 | 77,652,000円 |

| ⑦相続税の総額（第1表の⑦の金額） | ⑧⑥の金額と⑨の金額のうちいずれか少ない方の金額 | ⑨課税価格の合計額（第1表のⒶの金額） | ⑩配偶者の税額軽減の基となる金額（⑦×⑧÷⑨） |
| 3,956,500円 | 77,652,000円 | 83,652,000円 | 3,672,717円 |

配偶者の税額軽減の限度額　（第1表の配偶者の⑨又は⑩の金額）（第1表の配偶者の⑫の金額）　⑪　3,672,716

配偶者の税額軽減額　（⑩の金額と⑪の金額のうちいずれか少ない方の金額）　Ⓝ　3,672,716

第1表⑦欄から転記します。

（注）Ⓝの金額を第1表の配偶者の「配偶者の税額軽減額⑬」欄に転記します。

円単位まで計算し、第1表⑬欄へ転記します。

2　配偶者以外の人が農業相続人である場合　この表は、被相続人から相続、遺贈や相続時精算課税に係る贈与によって財産を取得した人のうちに農業相続人がいる場合で、かつ、その農業相続人が配偶者以外の場合に記入します。

課税価格の合計額のうち配偶者の法定相続分相当額

（第3表のⒶの金額）　　　〔配偶者の法定相続分〕
,000円　×　＝　円

上記の金額が16,000万円に満たない場合には、16,000万円

| ⑪分割財産の価額（第11表の配偶者の①の金額） | 分割財産の価額から控除する債務及び葬式費用の金額 | | ⑮純資産価額に加算される暦年課税分の贈与財産価額（第1表の配偶者の⑤の金額） | ⑯（⑪－⑭＋⑮）の金額（⑮の金額より小さいときは⑮の金額）（1,000円未満切捨て） |
| | ⑫債務及び葬式費用の金額（第1表の配偶者の③の金額） | ⑬未分割財産の価額（第11表の配偶者の②の金額） | ⑭（⑫－⑬）の金額（⑬の金額が⑫の金額より大きいときは0） | | |

配偶者の税額軽減額を計算する場合の課税価格

| 円 | 円 | 円 | 円 | 円 | ,000 |

| ⑰相続税の総額（第3表の⑦の金額） | ⑱⑯の金額と⑯の金額のうちいずれか少ない方の金額 | ⑲課税価格の合計額（第3表のⒶの金額） | ⑳配偶者の税額軽減の基となる金額（⑰×⑱÷⑲） |
| 円 00 | 円 | ,000円 | 円 |

配偶者の税額軽減の限度額　（第1表の配偶者の⑩の金額）（第1表の配偶者の⑫の金額）　円　－　円

配偶者の税額軽減額　（⑳の金額とⓐの金額のうちいずれか少ない方の金額）　円

（注）Ⓝの金額を第1表の配偶者の「配偶者の税額軽減額⑬」欄に転記します。

※　相続税法第19条の2第5項（隠蔽又は仮装があった場合の配偶者の相続税額の軽減の不適用）の規定の適用があるときには、「課税価格の合計額のうち配偶者の法定相続分相当額」の（第1表のⒶの金額）、⑥、⑦、⑨、「課税価格の合計額のうち配偶者の法定相続分相当額」の（第3表のⒶの金額）、⑯、⑰及び⑲の各欄は、第5表の付表で計算した金額を転記します。

第5表（平28.7）　　　　　　　　　　　　　　　　　　　　　　　　（資4－20－6－1－A4統一）

216

■第9表（生命保険金などの明細書）の書き方

生命保険金などの明細書

被相続人　冬平　勇

1　相続や遺贈によって取得したものとみなされる保険金など

この表は、相続人やその他の人が被相続人から相続や遺贈によって取得したものとみなされる生命保険金、損害保険契約の死亡保険金及び特定の生命共済金などを受け取った場合に、その受取金額などを記入します。

保険会社等の所在地	保険会社等の名称	受取年月日	受取金額	受取人の氏名
東京都千代田区丸の内 ○−○−○	○○生命保険相互会社	6・8・31	10,000,000 円	冬平　浩一
東京都千代田区丸の内 ○−○−○	○○生命保険相互会社	6・8・15	10,000,000	佐藤　裕子
		・　・		
		・　・		
		・　・		

(注)　1　相続人（相続の放棄をした人を除きます。以下同じです。）が受け取った保険金などのうち一定の金額は非課税となりますので、その人は、次の2の該当欄に非課税となる金額と課税される金額とを記入します。
　　　2　相続人以外の人が受け取った保険金などについては、非課税となる金額はありませんので、その人は、その受け取った金額そのままを第11表の「財産の明細」の「価額」の欄に転記します。
　　　3　相続時精算課税適用財産は含まれません。

2　課税される金額の計算

この表は、被相続人の死亡によって相続人が生命保険金などを受け取った場合に、記入します。

> 法定相続人の数を記入します。

保険金の非課税限度額	第2表のⒶの（法定相続人の数）（500万円× 3人 により計算した金額を右のⒶに記入します。）	Ⓐ	15,000,000 円

保険金などを受け取った相続人の氏名	①受け取った保険金などの金額	②非課税金額（Ⓐ×各人の①／Ⓑ）	③課税金額（①−②）
冬平　浩一	10,000,000 円	7,500,000 円	2,500,000 円
佐藤　裕子	10,000,000	7,500,000	2,500,000
合　　計	Ⓑ 20,000,000	15,000,000	5,000,000

> 相続の放棄をした人は除きます。

> 非課税限度額を各人が受け取った保険金の金額であん分し、各人の非課税金額を計算します。

(注)　1　Ⓑの金額がⒶの金額より少ないときは、各相続人の①欄の金額がそのまま②欄の非課税金額となりますので、③欄の課税金額は0となります。
　　　2　③欄の金額を第11表の「財産の明細」の「価額」欄に転記します。

第9表(平28.7)　　　　　　　　　　　　　　　　　　　　　　　　（資4−20−10−A4統一）

■ 第11表（相続税がかかる財産の明細書）の書き方

218

■ 第11・11の2表の付表1（小規模宅地等についての課税価格の計算明細書）の書き方

小規模宅地等についての課税価格の計算明細書

F D 3 5 4 9

被相続人　冬平　勇

この表は、小規模宅地等の特例（租税特別措置法第69条の4第1項）の適用を受ける場合に記入します。
なお、被相続人から、相続、遺贈又は相続時精算課税に係る贈与により取得した財産のうちに、「特定計画山林の特例」の対象となり得る財産又は「個人の事業用資産についての相続税の納税猶予及び免除」の対象となり得る宅地等その他一定の財産がある場合には、第11・11の2表の付表2を又は付表2の2を作成する場合は、この表の「1 特例の適用にあたっての同意」欄の記入を要しません。）。（第11・11の2表の付表2を又は付表2の2を作成する場合は、この表の「1 特例の適用にあたっての同意」欄の記入を要しません。）。
（注）この表の1又は2の各欄に記入しきれない場合には、第11・11の2表の付表1（続）を使用します。

1 特例の適用にあたっての同意

この欄は、小規模宅地等の特例の対象となり得る宅地等を取得した全ての人が次の内容に同意する場合に、その宅地等を取得した全ての人の氏名を記入します。
私（私たち）は、「2 小規模宅地等の明細」の①欄の取得者が、小規模宅地等の特例の適用を受けるものとして選択した宅地等又はその一部が限度面積要件を満たすものであることを確認の上、その選択に同意します。
私（私たち）は、「2 小規模宅地等の明細」の⑤欄で選択した宅地等の全てが限度面積要件を満たすものとして、その取得した宅地等について、小規模宅地等の特例の適用を受けることに同意します。

氏名　冬平　清子

> 特例の対象となりえる財産を取得した人全員の氏名を記入します。特例を使わない人の氏名も必ず記入します。

（注）小規模宅地等の特例の対象となり得る宅地等を取得した全ての人の同意がなければ、この特例の適用を受けることはできません。

2 小規模宅地等の明細

この欄は、小規模宅地等の特例の対象となり得る宅地等を取得した人のうち、その特例の適用を受ける人が選択した小規模宅地等の明細等を記載し、相続税の課税価格に算入する価額を計算します。
「小規模宅地等の種類」欄は、選択した小規模宅地等の種類に応じて次の1～4の番号を記入します。
小規模宅地等の種類：1 特定居住用宅地等、2 特定事業用宅地等、3 特定同族会社事業用宅地等、4 貸付事業用宅地等

小規模宅地等の種類 1～4の番号を記入します。		① 特例の適用を受ける取得者の氏名 〔事業内容〕	⑤ ③のうち小規模宅地等（限度面積要件を満たす宅地等）の面積	
		② 所在地番	⑥ ④のうち小規模宅地等（④×⑤/③）の価額	
		③ 取得者の持分に応ずる宅地等の面積	⑦ 課税価格の計算に当たって減額される金額（⑥×⑨）	
		④ 取得者の持分に応ずる宅地等の価額	⑧ 課税価格に算入する価額（④－⑦）	
選択した小規模宅地等	1	① 冬平　清子	⑤ 250	㎡
		② 東京都豊島区目白六丁目2384番3	⑥ 82 500 000	円
		③ 250 ㎡	⑦ 66 000 000	円
		④ 82 500 000 円	⑧ 16 500 000	円
		①	⑤	㎡
		②	⑥	円
		③ ㎡	⑦	円
		④ 円	⑧	円
		①	⑤	㎡
		②	⑥	円
		③ ㎡	⑦	円
		④ 円	⑧	円

（注）1 ①欄の「〔　〕」は、選択した小規模宅地等が被相続人等の事業用宅地等（2、3又は4）である場合に、相続開始の直前にその宅地等の上で行われていた被相続人等の事業について、例えば、飲食サービス業、法律事務所、貸家などのように具体的に記入します。
2 小規模宅地等を選択する一の宅地等が共有である場合又は一の宅地等が貸家建付地である場合において、その評価額の算定上「賃貸割合」が1でないときには、第11・11の2表の付表1（別表1）を作成します。
3 小規模宅地等を選択する宅地等が、配偶者居住権に基づく敷地利用権又は配偶者居住権の目的となっている建物の敷地の用に供される宅地等である場合には、第11・11の2表の付表1（別表1の2）を作成します。
4 ⑧欄の金額を第11表の「財産の明細」の「価額」欄に転記します。

○ 「限度面積要件」の判定

上記「2 小規模宅地等の明細」の⑤欄で選択した宅地等の全てが限度面積要件を満たすものであることを、この表の各欄を記入することにより判定します。

小規模宅地等の区分	被相続人等の居住用宅地等	被相続人等の事業用宅地等		
小規模宅地等の種類	1 特定居住用宅地等	2 特定事業用宅地等	3 特定同族会社事業用宅地等	4 貸付事業用宅地等
⑨ 減額割合	80/100	80/100	80/100	50/100
⑩ ⑤の小規模宅地等の面積の合計	250 ㎡			㎡
限度面積 小規模宅地等のうちに4貸付事業用宅地等がない場合	[1の⑩の面積] 250 ≦330㎡	[2の⑩及び3の⑩の面積の合計] ≦ 400㎡		
限度面積 小規模宅地等のうちに4貸付事業用宅地等がある場合	[1の⑩の面積] ㎡ × 200/330 +	[2の⑩及び3の⑩の面積の合計] ㎡ × 200/400 +		[4の⑩の面積] ㎡ ≦ 200㎡

（注）限度面積は、小規模宅地等の種類（「4 貸付事業用宅地等」の選択の有無）に応じて、⑪欄（イ又はロ）により判定を行います。「限度面積要件」を満たす場合に限り、この特例の適用を受けることができます。

※ 税務署整理欄	年分	名簿番号	申告年月日 申 告	一連番号	グループ番号	補完

第11・11の2表の付表1（令5.7）

（資4・20－12－3－1－A4統一）

第6章 相続税の基本的手続

第11・11の2表の付表1（令和2年4月分以降用）

○この申告書は機械で読み取りますので、黒ボールペンで記入してください。

※この項目は記入する必要がありません。

219

■ 第13表（債務及び葬式費用の明細書）の書き方

債務及び葬式費用の明細書

被相続人　冬平　勇

1　債務の明細

この表は、被相続人の債務について、その明細と負担する人の氏名及び金額を記入します。なお、特別寄与者に対し相続人が支払う特別寄与料についても、これに準じて記入します。

債務の明細					負担することが確定した債務	
種類	細目	債権者		発生年月日	金額	負担する人
		氏名又は名称	住所又は所在地	弁済期限		の氏名
公租公課	6年度分住民税	豊島区役所	豊島区西池袋二丁目45−1	6・1・1	38,500	冬平 清子	38,500
公租公課	6年度分固定資産税	豊島都税事務所	豊島区西池袋一丁目17−1	6・1・1	150,000	冬平 清子	150,000
合計					188,500	

> 公租公課（税金など）の住所または所在地欄の記入は省略できます。

> 死亡日現在で支払うことが確実な故人の債務を記載します。

2　葬式費用の明細

この表は、被相続人の葬式に要した費用について、その明細と負担する人の氏名及び金額を記入します。

葬式費用の明細				負担することが確定した葬式費用	
支払先		支払年月日	金額	負担する人	負担する
氏名又は名称	住所又は所在地			の氏名	金額
○○式典（株）	東京都豊島区○○○丁目○−○	6・7・31	2,270,000	冬平 清子	2,270,000
○○寺 お布施	東京都豊島区○○○丁目○−○	6・7・26	300,000	冬平 清子	300,000
合計			2,570,000		

> 【葬式費用にならないもの】初七日や四十九日法会の費用、香典のお返し、仏壇の購入費用など。

3　債務及び葬式費用の合計額

債務などを承継した人の氏名		（各人の合計）	冬平　清子			
債務	① 負担することが確定した債務	188,500	188,500			
	② 負担することが確定していない債務					
	③ 計（①＋②）	188,500	188,500			
葬式費用	④ 負担することが確定した葬式費用	2,570,000	2,570,000			
	⑤ 負担することが確定していない葬式費用					
	⑥ 計（④＋⑤）	2,570,000	2,570,000			
合計	⑦ 計（③＋⑥）	2,758,500	2,758,500			

（注）1　各人の⑦欄の金額を第1表のその人の「債務及び葬式費用の金額③」欄に転記します。
　　　2　③、⑥及び⑦欄の金額を第15表の㉝、㉞及び㊲欄にそれぞれ転記します。

第13表（令5.7）

（資4−20−14−A4統一）

■ 第14表（純資産価額に加算される暦年課税分の贈与財産価額及び特定贈与財産価額の明細書）の書き方

純資産価額に加算される暦年課税分の贈与財産価額及び特定贈与財産価額 出資持分の定めのない法人などに遺贈した財産 特定の公益法人などに寄附した相続財産・特定公益信託のために支出した相続財産 **の明細書**

被相続人　冬平　勇

第14表（令和5年4月分以降用）

1　純資産価額に加算される暦年課税分の贈与財産価額及び特定贈与財産価額の明細

この表は、相続、遺贈や相続時精算課税に係る贈与によって財産を取得した人(注)が、その相続開始前3年以内に被相続人から暦年課税に係る贈与によって取得した財産がある場合に記入します。

(注)　被相続人から租税特別措置法第70条の2の2（直系尊属から教育資金の一括贈与を受けた場合の贈与税の非課税）第12項第1号に規定する管理残額及び同法第70条の2の3（直系尊属から結婚・子育て資金の一括贈与を受けた場合の贈与税の非課税）第12項第2号に規定する管理残額以外の財産を取得しなかった人（その人が被相続人から相続時精算課税に係る贈与によって財産を取得している場合を除きます。）は除きます。

| 番号 | 贈与を受けた人の氏名 | 贈与年月日 | 相続開始前3年以内に暦年課税に係る贈与を受けた財産の明細 | | | | ①価額 | ②①の価額のうち特定贈与財産の価額 | ③相続税の課税価格に加算される価額（①－②） |
			種類	細目	所在場所等	数量			
1	冬平　浩一	5・5・5	現金預貯金等	現金	東京都豊島区目白六丁目31－17		1,000,000 円	円	1,000,000 円
2		・・							
3		・・							
4		・・							

> 相続開始前3年（令和6年1月1日以後は改正により順次7年）以内に被相続人から暦年課税贈与で取得した財産を記載します。

| 贈与を受けた人ごとの③欄の合計額 | 氏名 | （各人の合計） | 冬平　浩一 | | |
| | ④金額 | 1,000,000 円 | 1,000,000 円 | | |

上記「②」欄において、相続開始の年に被相続人から贈与によって取得した居住用不動産や金銭の全部又は一部を特定贈与財産としている場合には、次の事項について、「（受贈配偶者）」及び「（受贈財産の番号）」の欄に所定の記入をすることにより確認します。

　　　　　（受贈配偶者）　　　　　　　　　　　　　　　　（受贈財産の番号）
　私、[　　　]は、相続開始の年に被相続人から贈与によって取得した上記[　　]の特定贈与財産の価額については贈与税の課税価格に算入します。
　なお、私は、相続開始の年の前年以前に被相続人からの贈与について相続税法第21条の6第1項の規定の適用を受けていません。

(注)　④欄の金額を第1表のその人の「純資産価額に加算される暦年課税分の贈与財産価額⑤」欄及び第15表の⑰欄にそれぞれ転記します。

2　出資持分の定めのない法人などに遺贈した財産の明細

この表は、被相続人が人格のない社団又は財団や学校法人、社会福祉法人、宗教法人などの出資持分の定めのない法人に遺贈した財産のうち、相続税がかからないものの明細を記入します。

| 遺贈した財産の明細 | | | | | 出資持分の定めのない法人などの所在地、名称 |
種類	細目	所在場所等	数量	価額	
				円	
		合　　計			

3　特定の公益法人などに寄附した相続財産又は特定公益信託のために支出した相続財産の明細

私は、下記に掲げる相続財産を、相続税の申告期限までに、

(1)　国、地方公共団体又は租税特別措置法施行令第40条の3に規定する法人に対して寄附をしましたので、租税特別措置法第70条第1項の規定の適用を受けます。

(2)　租税特別措置法施行令第40条の4第3項の要件に該当する特定公益信託の信託財産とするために支出しましたので、租税特別措置法第70条第3項の規定の適用を受けます。

(3)　特定非営利活動促進法第2条第3項に規定する認定特定非営利活動法人に対して寄附をしましたので、租税特別措置法第70条第10項の規定の適用を受けます。

| 寄附（支出）年月日 | 寄附（支出）した財産の明細 | | | | | 公益法人等の所在地・名称（公益信託の受託者及び名称） | 寄附（支出）をした相続人等の氏名 |
	種類	細目	所在場所等	数量	価額		
・・					円		
・・							
			合　　計				

(注)　この特例の適用を受ける場合には、期限内申告書に一定の受領書、証明書類等の添付が必要です。

第14表（令5.7）　　　　　　　　　　　　　　　　　　　（資4－20－15－A4統一）

第6章　相続税の基本的手続

221

■ 第15表（相続財産の種類別価額表）の書き方

相続財産の種類別価額表 （この表は、第11表から第14表までの記載に基づいて記入します。）

FD3539

（単位は円）

被相続人 冬平 勇　　氏名 冬平 清子

種類	細目	番号	各人の合計	冬平 清子
土地（土地の上に存する権利を含みます）	田	①		
	畑	②		
	宅地	③	16500000	16500000
	山林	④		
	その他の土地	⑤		
	計	⑥	16500000	16500000
	③のうち配偶者居住権に基づく敷地利用権	⑦		
	⑥のうち通常価額	⑧		
	特例農地等 ⑧による価額	⑨		
家屋等		⑩	5232200	5232200
	⑩のうち配偶者居住権	⑪		
事業（農業）用財産	機械、器具、農耕具、その他の減価償却資産	⑫		
	商品、製品、半製品、原材料、農産物等	⑬		
	売掛金	⑭		
	その他の財産	⑮		
	計	⑯		
有価証券	特定同族会社の株式及び出資 配当還元方式によったもの	⑰		
	その他の方式によったもの	⑱		
	⑰及び⑱以外の株式及び出資	⑲	6894000	6894000
	公債及び社債	⑳		
	証券投資信託、貸付信託の受益証券	㉑		
	計	㉒	6894000	6894000
現金、預貯金等		㉓	51585021	51585021
家庭用財産		㉔	200000	200000
その他の財産	生命保険金等	㉕	5000000	
	計	㉙	5000000	
合計（⑥+⑩+⑯+㉒+㉓+㉔+㉙）		㉚	85411221	80411221
相続時精算課税適用財産の価額		㉛		
不動産等の価額（⑥+⑩+⑫+⑰+⑱+㉛）		㉜	21732200	21732200
債務等	債務	㉝	188500	188500
	葬式費用	㉞	2570000	2570000
	合計（㉝+㉞）	㉟	2758500	2758500
差引純資産価額（㉚+㉛-㉟）（赤字のときは0）		㊱	82652721	77652721
純資産価額に加算される暦年課税分の贈与財産価額		㊲	1000000	1000000
課税価格（㊱+㊲）（1,000円未満切捨て）		㊳	83652000	77652000

> 第11表に記載した金額を財産の細目別に合計します。

> 第13表から転記します。

○この申告書は機械で読み取りますので、黒ボールペンで記入してください。

※この欄には記入する必要がありません。

第15表（令和2年4月分以降用）

222

■ 相続税の申告書の記入順序

　相続税の申告書は、計算書や明細書も含めて第1表から第15表まであ
りますが、すべての表を作成する必要はありません。図の(1)から(16)の順
で、自分に必要な表だけを作成しましょう。これらの計算書や明細書に
記載した数字の根拠となる資料も一緒に税務署に提出します。

第6章　相続税の基本的手続

ポイントメモ ✏️　**マイナンバーの確認について** ･････････････････

　申告書には、申告する人全員のマイナンバー（個人番号）を記載しま
す。税務署の窓口ではマイナンバーが正しいかの番号確認と、その人が
確かにその番号の持ち主であるという身元確認が行われますので、マイ
ナンバーカードを持参しましょう。紙製の通知カードは、氏名や住所が
現在の住民票と同じなら代用できますが、違う場合はマイナンバーの記
載のある住民票の写しが必要です。マイナンバーカードのない方は、さ
らに運転免許証、パスポート、公的医療保険の被保険者証などのいずれ
かの提示も求められます。郵送で申告書を提出する場合は、上記のコピ
ーを添付して下さい。なお、亡くなった方のマイナンバーは不要です。

⑬ 相続税の納税方法を確認しましょう

相続税の申告をしたら納税も忘れずに。
遅れると利息がかかります。

原則10か月以内

相続から10か月以内に金銭一括納付が大原則

相続税の納期限は、申告書の提出期限と同じ、相続の開始があったことを知った日（通常は死亡日）の翌日から10か月以内です。この日が土日祝日や年末年始の休日（12月29日から1月3日）の場合には、これらの日の翌日が期限です。納期限までに現金で、かつ、一括で納めることになっています。

相続税の納付場所・納付書の入手方法

相続税は、所定の納付書に必要事項を記入し、最寄りの金融機関の窓口か申告書を提出する所轄税務署に出向いて、現金で納めます。自宅のパソコンやスマートフォンを使い、クレジットカードで支払う方法もありますが、カードの利用限度額を超える決済はできず別途決済手数料もかかるため、一般的ではありません。

納付書はどの税務署でも入手できますので、事前に入手し、以下の記入例を参考に記入しておくと安心です。税務署の窓口で亡くなった方の住所や死亡年月日を伝えれば、その場で必要事項の印字された納付書を作ってくれます。手数料などはかかりません。切手を貼った返信用封筒を同封し郵送で依頼すれば、送ってもらうこともできます。

現金・一括払いできない場合には

1日でも納期限を過ぎてしまうと、本来払うべき相続税に加え、利息である延滞税を払う義務が生じますので、注意しましょう。

延滞税 P227

また、遺産の大半を土地や建物などの不動産が占めているなど、相続税を現金一括で納めるのが難しい場合には、例外的に、分割払いの**延納**や、物で払う**物納**という納税方法が認められることもあります。

延納・物納　P230

■ 相続税の納税方法

書類の名称	（納付書）領収済通知書
納税できる場所	被相続人の住所地の所轄税務署または最寄りの金融機関の窓口
納期限	相続の開始があったことを知った日（通常は死亡日）の翌日から10か月以内
納税義務者	被相続人から ・相続または遺贈により財産をもらった人 ・相続時精算課税制度などにより生前贈与で財産をもらった人

■ 相続税の納付書の書き方

税務署名を記入します。

相続の年月日を記入します。

納税額を記入します。合計額欄には¥をつけます。

相続人の住所・氏名・フリガナ・電話番号を記入します。
被相続人の氏名・フリガナも記入した方がより親切です。

14 税務調査とペナルティー

相続税は、他の税金より
税務調査を受ける確率が高いです。

申告後
3年以内が多い

税務調査とは

　税務署は、提出された申告書に誤りや不明な点があり、詳しく調べたいという場合は**税務調査**を行います。これは、映画「マルサの女」で描かれたような強制調査ではなく、納税者の承諾を得て任意に行われるものです。事前に税務署から相続人に電話で連絡があり、日程の調整にも応じてもらえます。また、税理士の立会いも認められています。

相続税の税務調査率はかなり高い

　相続税は、税務調査を受ける確率が所得税など他の税金と比べてかなり高いという特徴があります。所得税や法人税などについて税務調査を受ける確率は全体の数％ですが、相続税は申告書を出すと、通常は10％前後の確率で実際に税務署などの方がやってきます。そして、そのうちの8割以上の人が、何らかの**申告もれ**を指摘されています。

妻のへそくりには要注意！

　期限までに申告された財産を種類別に見てみると、土地や建物などの「不動産」が全体の半分近くを占めているのに対し、申告もれになっている財産は、「現金や預貯金」が3割を超え、一番多くなっています。

　実は、金融資産の「所有者が誰か」を考えるとき、「名義が誰か」という点はあまり重視されません。財産の名義が亡くなった人ではなくても、故人の稼ぎがもとになっている財産には、相続税がかかります。

　専業主婦や未成年の子ども名義の金融資産がある場合には、本当の所有者が誰なのかという点につき、十分検討するようにしましょう。

■ 相続税　申告もれ財産の種類別内訳（令和4事務年度分）

その他
1,062億円
41.0%

土地
336億円
13.0%

現金・
預貯金等
815億円
31.5%

家屋
67億円　2.6%

有価証券
309億円　11.9%

■ 申告もれ・納税不足に対する利息や制裁

延滞税	納期限に遅れて納税したとき	年8.7%	
過少申告加算税	期限までに申告納税したが不足があったとき	5％ （10%）	10% （15%）
無申告加算税	期限までに申告納税しなかったとき	10% （15%）〈25%〉	15% （20%）〈30%〉
重加算税	仮装隠ぺいなど故意に税を逃れようとしたとき	35% （45%）	40% （50%）

第6章　相続税の基本的手続

（注意点）

・延滞税は通常1年間のみ。ただし重加算税がかかる場合は全期間。当初2か月間は年2.4%。それ以後は年8.7%（令和6年）。

・過少申告加算税は、税務調査の通知前の自発的修正申告にはかからない。それ以後の場合で新たに納める税金が期限内申告税額と50万円のいずれか多い金額を超える部分は（　）内。

・無申告加算税は、税務調査の通知前の自発的期限後申告は5％。それ以後の場合で納付税額が50万円を超える部分は（　）内、300万円を超える場合は〈　〉内。

・重加算税は、過少申告なら35%、無申告なら40%。過去5年間に無申告加算税または重加算税を課された場合は（　）内。重加算税がかかるとき、過少申告加算税や無申告加算税はかからない。

⑮ 修正申告、更正の請求をするとき

相続税の申告内容が間違っていたら
なおす手続は2とおりあります。

5年以内
（更正の請求）

　相続税の申告と納税を10か月以内に済ませれば、ほっと一安心。しかし、その後に間違いに気づいたら、どのような手続で誤りを訂正すればいいのでしょう。また、訂正しない場合はどのような処分を受けるのでしょう。

納めた相続税が少なすぎたら「修正申告」を

　本来納めるべき相続税より少なかった場合は、**修正申告**というものを行います。「いつまでに」という期限はありませんが、できるだけ早く行うようにします。理由は次の2つです。

（1）「延滞税」が増えるから

　延滞税は利息に相当する税金なので、遅れた日数に応じてかかります。本来の納期限から2か月間は年2.4％（令和6年）の割合ですが、それを過ぎると年8.7％（令和6年）という高い割合になりますので、早めに納めた方がよいでしょう。

（2）「過少申告加算税」がかかってしまうから

　税務署の指摘を受けてから修正申告をすると、不足していた分の相続税と利息である延滞税の他に、制裁金としての**過少申告加算税**がかかります。過少申告加算税は、通常、修正申告で納める相続税の10％相当額ですが、追加で納める相続税の金額により、15％になることもあります。

　税務署から税務調査の通知がある前に自主的に修正申告をすれば、過少申告加算税はかかりませんので、すみやかに訂正しましょう。

不正に相続税を逃れようとした場合には

　申告期限から1年以上たってから修正申告を行った場合でも、原則的に、延滞税は1年分しかかからないことになっています。

　しかし、意図的に財産を隠すなど、偽って不正に相続税を逃れようとしたときには、**遅れた日数の全期間分の延滞税を納めなければならなく**なるので、注意が必要です。

　さらに、この場合には制裁金も**過少申告加算税**ではなく**重加算税**がかかります。過少申告加算税は、通常、修正申告で納める相続税の10％または15％相当額ですが、重加算税はこれが35％に跳ね上がります。

　財産を隠すと、通常より多くの税金がかかってしまい、結局損をします。相続税は最初から正しく納めた方がいいでしょう。

相続税を多く納めすぎたら「更正の請求」を

　本来納めるべき相続税より多く納めすぎた場合には、**更正の請求**を行えば、納めすぎた相続税の還付を受けられます。

　更正の請求の期限は、**相続税の申告期限から5年以内**です。

間違いを税務署の側から直されることもある

　税理士に相続税の申告作業を依頼して、きちんと納税まで済ませていても、その後、税務署の税務調査を受け、何らかの間違いや見解の相違を指摘されることがあります。

　その指摘に納得できないなどの理由から、自主的に**修正申告**を行わない場合には、税務署が**更正**という処分を行います。

コラム ● 延納と物納について

　相続税を、現金で一括で納めるのが難しい場合には、例外的に、分割払いの**延納**や物で払う**物納**という方法が認められることがあります。申告期限までに申請書を提出すれば、通常は、申請後3か月以内に、所轄の税務署が許可または却下の判断を行います。

延納について

　延納の許可を受けるには、有価証券や土地、建物などの財産を**担保**として提供する必要があります。遺産ではなく、自分がもともと持っている財産や第三者の財産でもかまいませんが、共有財産の持分や未分割のままの遺産は担保にできません。延納税額が100万円以下で、延納期間が3年以下の場合、担保は不要です。

　延納が認められる期間は、遺産に占める不動産の割合によって変わり最高20年間です。期間中は、利息に相当する**利子税**もかかります。

物納について

　物納は、延納による分割払いでも、現金で納税できない場合に限って認められます。物納できる財産は、財産の種類ごとに順位が決まっていて、①不動産、船舶、国債、地方債、上場株式等（上場している株式、社債、証券投資信託など）、②非上場株式等、③動産の順です。

　財産の収納価額（納税に充当される価額）は、原則として、相続税の課税価格を計算した際の価額です。例えば、小規模宅地等の特例を適用した土地を物納する場合は、軽減後の価額が相続税への充当額になります。

第7章

将来の相続に備えましょう

生前対策の基礎知識

　ここまで葬儀後の届出・手続について確認してきました。いかに多くの届出・手続が必要か、ご確認いただけたと思います。

　では、自分自身の老後、そして死後のことを考え、残される家族や親族の負担を減らすために、今のうちからできる備え・対策はあるのでしょうか。

　この章では少し視点を変えて、生前にできること、やっておくべきことについて簡単に確認をしてみましょう。

01 遺言の作成方法を確認しましょう

遺言を残すことで、親族等に自分の意思を伝え、
相続後の手続に反映させることができます。

　相続に備えて生前にできる対策として、もっとも一般的なのが遺言です。代表的な遺言の方法について確認しましょう。　　遺言の効果　P110

代表的な遺言の方法

（1）自筆証書遺言
作り方　P233・P234

　自筆証書遺言は、従来は**遺言者が全文、日付および氏名を自書**し、**押印する必要**がありましたが、財産目録はパソコンで作成したものや、通帳のコピーを添付する形などでもよいことになりました。公証人の関与は不要ですが、内容や様式に不備が生じる可能性があり、偽造や変造、破棄、紛失の恐れもある点に注意すべきです。また、相続開始後には原則として遺言書の検認手続が必要です。

検認手続　P112　　例外・自筆証書遺言書保管制度　P236

（2）公正証書遺言

　公正証書遺言は、**証人2名の立会いのもと、公証役場にいる公証人が関与**して作成します。公証人に自宅や病院に出張してもらうこともできます。公証人手数料がかかりますが、検認が不要であることや、**原本は公証役場で保管**され、偽造や変造、破棄の恐れがないことから、生前の対策としてはもっとも有効なものといえます。　　遺言の探し方　P111

（3）秘密証書遺言

　秘密証書遺言は、遺言者が署名捺印した書面を封印し、**公証人と証人2名**にその封書が自己の遺言書である旨を申述する必要があります。

　誰にも内容を知られずに作成することができますが、自筆証書遺言と同様に、内容や様式に不備が生じる可能性はあります。また、遺言書の検認手続も必要です。　　遺言書の検認　P112

■ 自筆証書遺言の作り方

遺 言 書

> 遺言書の本文はすべて遺言者が自書する必要があります。

　遺言者である冬平勇は、この遺言書により、次のとおり遺言する。

1. 遺言者は遺言者の所有する下記の不動産を妻である冬平清子に相続させる。
   - （1）土地　所　　在　豊島区目白六丁目
   - 　　　　　　地　　番　３１番１７
   - 　　　　　　地　　目　宅地
   - 　　　　　　地　　積　１２３.４５㎡

> 不動産の表示は登記事項証明書のとおりに正確に記載します。

   - （2）建物　所　　在　豊島区目白六丁目　３１番地１７
   - 　　　　　　家屋番号　３１番１７
   - 　　　　　　種　　類　居宅
   - 　　　　　　構　　造　木造瓦葺２階建
   - 　　　　　　床 面 積　１階　４８.２６㎡　　２階　４８.２６㎡

> 預貯金は口座番号などで特定します。

2. 遺言者は遺言者の所有する下記の預金を長男である冬平浩一に相続させる。
   - （1）春夏銀行　目白支店　普通預金　口座番号　９８７６５４３　一式
   - （2）豊島信用金庫　本店　定期預金　口座番号　１３５７９２４　一式

3. 遺言者は遺言者の所有する下記の預金を長女佐藤裕子の長女佐藤麻衣（平成元年１２月２８日生）に遺贈する。
   - （1）春夏銀行　目白支店　定期預金　口座番号　９８７６５４５　一式

4. 遺言者はこの遺言の遺言執行者として下記の者を指定する。
   - 　　東京都練馬区旭丘三丁目７番２０号　冬平　浩一
   - 　　昭和40年２月５日生

> 遺言執行者を指定する場合は記載します。

> 日付・氏名を自書します。

　令和６年５月２５日

　　東京都豊島区目白六丁目３１番１７号　遺言者　冬平　勇

> 遺言者の押印を要します。なるべく実印を押すのが望ましいです。押印がない自筆証書遺言は無効です。

遺言書の本文に「別紙目録一の不動産を相続させる」などと書き、別紙目録としてパソコンで作成した財産目録などを添付することもできます。ただし、各ページに署名押印が必要です。

■ 自筆証書遺言の作り方（シンプルな遺言の例）

 自筆証書遺言書保管制度を利用する場合 ⋯⋯⋯

　自筆証書遺言書保管制度を利用する場合は、最低限、上部5ミリ、下部10ミリ、左20ミリ、右5ミリの余白を確保します。

自筆証書遺言書保管制度　P236

■ 遺言についてのよくある疑問

Q1 自分が死んだ後、遺言は誰が実現してくれるのですか？

A1 遺言の中で**遺言執行者**を指定することができます。指定された遺言執行者は、相続財産の管理その他遺言の執行に必要な一切の権利義務を有します。遺言を残す者にとって、遺言に残した自らの意思を実現してもらう重要な存在です。

Q2 遺言は書き直すことができますか？

A2 遺言を残した後に状況や気持ちが変わることも考えられます。そのような場合は、いつでも遺言を**撤回**することができます。遺言の撤回は、あらたに遺言を作成する方法によって行います。公正証書遺言以外の遺言の場合は、遺言を作成した者が遺言を故意に破棄することによって撤回することもできます。

Q3 遺言で相続させると指定した者が先に死亡した場合は？

A3 遺言で財産を相続させる者を指定することができますが、その者が遺言者より先に死亡した場合、原則としてその部分は失効します。そのため、「Aが遺言者の死亡以前に死亡した場合はBに相続させる」というような**予備的な遺言**が有効です。

Q4 遺言は認知症になっても作成できますか？

A4 遺言は、年齢的には15歳に達していれば作成できますが、法律上、**遺言能力**があることが求められています。遺言能力とは、遺言の内容を具体的に決定し、判断できるような能力のことです。認知症と診断されても、この能力があれば作成できますが、微妙な状況で作成した遺言は、後日、争いの原因になることもあります。そのような疑いの余地がない時期に作成するようにしましょう。

確認して
おきましょう

自筆証書遺言書保管制度

令和2年7月10日に始まった「自筆証書遺言書保管制度」
のことをチェックしましょう。

　自筆証書遺言は、公証人などの関与が必要なく、費用もかからず、気
軽に作成できる遺言ですが、偽造や変造、破棄、紛失のおそれや、相続
発生後に検認の手続が必要になるなどのデメリットもあります。これら
のデメリットを補い、利用しやすくするという趣旨で、**自筆証書遺言書
保管制度**が始まりました。

遺言の方法　P232

■ 自筆証書遺言書保管制度の概要

相続開始後　相続
人等関係者は遺言
書の保管の有無に
関する証明書の交
付、遺言書の写し
（遺言書情報証明
書）の交付、遺言書
の閲覧ができる。

遺言書の写
し（検認不
要）の交付。

遺言者

相続人等

他の相続人等

自筆証書遺言を作
成し、保管を申請。

遺言者は、保管さ
れた遺言書の閲
覧ができます。

法務局（遺言書保管所）

原本保管、画像データ化

相続人に遺言書
の証明書を交付
したときなど
に、他の相続人
等に遺言書の保
管を通知。

自筆証書遺言書保管申請の方法

　自筆証書遺言を作成したら、法務局（遺言書保管所）に遺言書の保管
の申請をすることができるようになります。

　この申請は、遺言を作成した本人が管轄の法務局に出向いて行う必要
があり、家族が代理人や使者として行うことは認められていません。

　なお、保管申請に限らず、この制度に関連して法務局で行うすべての
手続について、電話などでの**予約**が必要とされています。

自筆証書遺言の保管と閲覧

　申請された自筆証書遺言の原本は法務局（遺言書保管所）で保管されます。震災などでの滅失のおそれを考慮してデータでも保管されます。

　遺言者は、遺言書保管所に出向き、いつでも遺言書の閲覧を請求できます（モニターでの閲覧は全国の遺言書保管所で、原本の閲覧は原本を保管した遺言書保管所でのみ可）が、遺言者の存命中は、遺言者以外の推定相続人などは閲覧や照会を行うことができません。

■ 自筆証書遺言の保管申請方法
（令和6年4月現在）

申請できる人	遺言者のみ（代理人や使者による申請は不可）
申請する遺言書保管所 （いずれか）	①遺言書の住所地 ②遺言者の本籍地 ③遺言者所有の不動産所在地
申請に必要な費用	3,900円／1件
必要なもの （他の書類が必要になる場合あり）	申請書、本人確認書類、封をしていない自筆証書遺言、本籍の記載がある住民票の写しなど

遺言者死亡後の取り扱い

　遺言者が死亡した後は、誰でも、遺言書保管所に「遺言書保管事実証明書」の交付請求をすることで、自分が相続人や受遺者などになっている遺言書（**関係遺言書**）が保管されているかどうかを確認することができます。また、相続人等は遺言書の写し（**遺言書情報証明書**）の交付も受けられます。

　遺言書情報証明書を交付したり、遺言書の閲覧が行われた場合、法務局は、他の相続人などの遺言書の関係者に対して、すみやかに遺言書が保管されている旨を通知します。そのため、家庭裁判所での検認が不要とされています。交付された遺言書情報証明書によって、スムーズに相続手続を行うことができるようになります。

遺言の捜索　P111

■ 自筆証書遺言書保管制度の手数料一覧

申請・請求の種別	申請・請求者	手数料
遺言書の保管申請	遺言者	3,900円／1件
遺言書の閲覧請求 （モニターによる）	遺言者 　関係相続人等	1,400円／1回
遺言書の閲覧請求 （原本）	遺言者 　関係相続人等	1,700円／1回
遺言書情報証明書の 交付請求	関係相続人等	1,400円／1通
遺言書保管事実証明書の 交付請求	関係相続人等	800円／1通
申請書等・撤回書等の 閲覧請求	遺言者 　関係相続人等	1,700円／1件

※遺言書の保管申請の撤回および変更の届出は手数料はかかりません。

コラム ● 通知について

　遺言書保管制度には、関係遺言者保管通知と指定者通知という2種類の通知制度が設けられました。

　関係遺言者保管通知は、関係相続人等が遺言書を閲覧したり、遺言書情報の交付を受けると、その他のすべての関係相続人に対して遺言が保管されている旨が遺言書保管所から通知されるというものです。

　指定者通知は、遺言書保管所が遺言者の死亡を確認した場合に、あらかじめ遺言者が指定した者（3名まで指定可）に対し、遺言書が保管されている旨が通知されるというものです。

　指定者通知は、遺言書保管官が戸籍担当部局から直接、情報提供を受けるという仕組みで、閲覧や交付請求がなくても伝えたい方に通知されるため、使い方によってはとても便利なものになります。

02 エンディングノートについて確認しましょう

老後のことや死後のこと。家族に伝えておきたいことを
エンディングノートとして書いておくと役立ちます。

　一緒に生活をしていたり、近所に住んでいたりする家族でも、意外と
わからないことは多いものです。離れて暮らしていれば、親子でも兄弟
でも知らないことはたくさんあるはずです。

　「もしものことがあったら伝えておきたいこと」を書いておくのが、
エンディングノートです。特に決まった様式や書き方はありませんので、
市販のものを購入してもよいですし、お手元にあるノートなどに書き記
す形や、パソコンにデータとして保管する形でも大丈夫です。

エンディングノートに書いておきたいこと

　エンディングノートには、死後に備えた内容だけでなく、老後の希望
などについても書いておくとよいです。また、家族に伝えておきたいこ
とや思いなどを書いてみるのもよいでしょう。パソコンやスマホなどに
相続手続に必要な情報が残ることも多いので、ログインに必要な情報を
記しておくのも一つの方法です。ただし、重要な情報を記載することに
なりますので、保管方法には注意が必要です。

■ エンディングノートに書いておきたいことの例

遺言書の有無、場所	公正証書遺言なのか、自筆証書遺言書保管制度を利用したのか、自宅の保管場所など
預貯金・有価証券	金融機関名、有価証券の種類と数、ネット証券の場合はIDとパスワードなど
不動産	自宅以外の不動産、遠方の所有不動産について、登記事項証明書、納税方法など
保険	生命保険、損害保険の種類、保険会社の連絡先など
その他の資産	自動車、船舶、会員権などの所有権の引継ぎが必要なもの、チャージ残高のある電子マネーなど
ローン、借入れ、クレジットカード	借入先と金額、クレジットカード会社の連絡先など
各種契約	サブスクや定期購入契約をしていればそれも記しておく
ＰＣ、スマホなどのパスワード	ロックをかけていると相続人が見られないこともある
所有物などの引継ぎに関する希望	特に引き継いでほしい人がいるならエンディングノート以外の方法でも知らせておく
身体の基本情報・持病	既往症、飲んでいる薬、かかりつけの病院など
老後や介護の希望	認知症になったら、動けなくなったら、余命少なくなったらなど、状況別に
葬儀や埋葬の希望	生前予約している葬儀会社、購入済のお墓、菩提寺についてなど
家族、親族の連絡先	亡くなったら知らせてほしい親族、付き合いの少ない親族など
友人、知人の連絡先	亡くなったら知らせてほしい友人、知人がいる場合は記しておく

03 生前贈与の活用を検討しましょう①

相続税の負担を減らすため、
生前贈与を行う人が増えています。

相続税と贈与税の違いを上手に利用すれば、税金の負担が軽くなります。

相続税と贈与税　P189

必ず贈与の証拠を残すこと

相続がいつ起きるかは誰にもわかりません。そして、そのときに故人が残した財産のすべてに一度に**相続税**がかかります。非課税枠である基礎控除額も、財産全体から差し引きます。

基礎控除額　P190

しかし生前贈与なら、自分の意思と都合に合わせ、いつ、誰に、いくら渡すのかを決められます。暦年課税による**贈与税**の非課税枠は**もらう人ごとに毎年110万円**なので、子や孫など、多くの人に何年かに分けて財産を渡すことも可能です。ただし、贈与の**証拠資料**を残しておかないと、税務署は贈与があったという事実を認めてくれません。贈与した人・もらった人両方の署名捺印がある**贈与契約書**を作成し、財産はもらった人に渡し、もらった人自身が管理しましょう。

贈与税の計算方法は2とおり

（1）暦年課税制度

暦年課税は、もらう人ごとに毎年110万円の非課税枠があります。110万円を超えなければ税金に関する手続は不要で、超えたときは翌年3月15日までに申告書を税務署に提出し、贈与税を納めます。そして、相続時には、亡くなる前の7年以内（改正により順次）に相続人などがもらった財産は、110万円以下の部分も含めて相続財産に加算され、相続税の対象になります。つまり、早めの備えや対策が必要になる制度です。

第7章　生前対策の基礎知識

241

（2）相続時精算課税制度

　相続時精算課税（以下、精算課税）は、60歳以上の親や祖父母から18歳以上の子や孫への贈与で使える制度です。同じ贈与する人・もらう人の間なら、一生涯で上限2,500万円までは贈与税がかからず、超えても一律20％の税率で済みます。はじめの年に税務署への届け出が必要です。

　ただし、精算課税は課税を先延ばしにするだけで、2,500万円は非課税枠ではなく「とりあえず贈与税はかからない枠」にすぎません。贈与した人が亡くなると、既に贈与した財産は2,500万円以下の部分も含めて相続税がかかります。また、いったん精算課税を選択すると、その当事者間では生涯、精算課税を使わなければならないことから、従来は利用者が少ない状況にありました。

　そのため、令和6年の贈与から、暦年課税の非課税枠年110万円や精算課税の2,500万円の枠とは別に、精算課税にも年110万円の非課税枠が新設されました。この非課税枠110万円部分は、亡くなる前の7年以内（改正により順次）でも相続財産に加算されず、相続税の対象になりません。

　暦年課税と精算課税、どちらを使った方がいいかは財産額や家族構成、年齢により変わります。事前に税理士に相談し、よく検討してから判断しましょう。

■ 贈与税の申告書の提出方法

提出書類	贈与税の申告書。相続時精算課税制度を使う場合には、初年度に「相続時精算課税選択届出書」の提出も必要（申告書や相続時精算課税選択届出書は、税務署の窓口か、国税庁のウェブサイトからダウンロードして入手します）
提出先	受贈者の住所地の所轄税務署。電子申告も可
提出期限	贈与を受けた年の翌年2月1日から3月15日まで
提出義務者	受贈者（贈与により財産をもらった人）

■ 贈与税の速算表（暦年課税制度）

基礎控除額110万円 控除後の課税価格	一般の贈与		直系尊属から 18歳以上の子や孫への贈与	
	税　率	控除額	税　率	控除額
200万円以下	10%	―	10%	―
300万円以下	15%	10万円	15%	10万円
400万円以下	20%	25万円		
600万円以下	30%	65万円	20%	30万円
1,000万円以下	40%	125万円	30%	90万円
1,500万円以下	45%	175万円	40%	190万円
3,000万円以下	50%	250万円	45%	265万円
4,500万円以下	55%	400万円	50%	415万円
4,500万円超			55%	640万円

 ポイントメモ　未成年の孫への贈与は？祖父母が認知症の場合は？

　祖父母が孫の預金口座にお金を振り込んでも、それだけでは贈与があったことになりません。贈与は、祖父母のあげたという意思と、孫のもらったという意思の両方がないと成立しないからです。必ず贈与契約書を作り、双方が署名捺印しておきましょう。

　未成年の孫へも贈与はできます。親権者（通常は両親）の同意も不要です。ただし、孫が贈与という法律行為の意味を理解できないくらい幼い場合は、孫の代わりに両親が贈与契約書に署名捺印して下さい。もらったお金は当面は両親が管理し、孫が成人したら本人に渡す必要があります。

　また、祖父母が認知症で意思能力がない場合、贈与を行うことはできません。祖父母に後見人などがついた場合も、贈与は祖父母本人の財産を減らす行為ですから、行えないことがほとんどです。

成年後見制度　P152

04 生前贈与の活用を検討しましょう②

贈与税にはもらう財産の種類や使途により
様々な非課税特例があります。

配偶者への自宅の贈与は2,000万円まで非課税に

　婚姻期間が20年以上の夫婦間で、自宅または自宅の購入資金の贈与を行ったときは、最高2,000万円、暦年課税の非課税枠110万円と合わせて2,110万円までは贈与税が非課税になります。

　贈与の後７年以内（改正により順次）に贈与した配偶者が亡くなった場合でも、この特例による生前贈与は相続財産に加算する必要がなく、相続税の対象になりません。また、相続法が改正され、自宅現物の贈与は遺産の前渡しと考えなくてよくなりました。その結果、遺産分割時の配偶者の取り分が増え、老後の生活が安定します。　　　　法改正 P21

　ただし、贈与税はかからなくても不動産の名義変更をするときの登録免許税や不動産取得税はかかりますので、注意しましょう。

子などへの住宅購入資金は一定額まで非課税に（令和8年末まで）

　両親や祖父母などから18歳以上の子や孫などへ、自宅の新築、購入、増改築などにあてる資金の贈与を行ったときは、省エネ等住宅なら1,000万円まで、それ以外の住宅なら500万円まで贈与税が非課税になります。またこの非課税枠は、暦年課税の非課税枠110万円または相続時精算課税の特別控除額2,500万円および非課税枠110万円のいずれかと併用できます。義理の両親からの贈与は対象外で、もらう人の所得金額、自宅の床面積、引渡しや居住時期などの細かな要件もあります。

　以上２つの特例は、翌年３月15日までに贈与税の申告書を税務署に提出しなければ適用を受けられませんので、気をつけましょう。

孫などへの教育資金は1,500万円まで非課税に（令和8年3月末まで）

30歳未満の子や孫などへの教育資金として、両親や祖父母などが金融機関にお金を預けたときは、1,500万円（学校以外へ支払う場合は500万円）まで贈与税が非課税になります。

原則として、30歳になった日に使い残しがあれば残額に贈与税がかかり、また、贈与者が死亡したときに使い残しがあれば、残額に相続税がかかる場合があります。

子などへの結婚・子育て資金は1,000万円まで非課税に（令和7年3月末まで）

18歳以上50歳未満の子や孫などへの結婚・子育て資金として、両親や祖父母などが金融機関にお金を預けたときは、1,000万円（結婚資金は300万円）まで贈与税が非課税になります。

50歳になった日に使い残しがあれば、残額に贈与税がかかり、また、贈与者が死亡したときに使い残しがあれば、残額に相続税がかかりますので、使い切る金額を贈与しましょう。

以上2つの特例は、非課税申告書を金融機関を通じて税務署に提出する必要があります。

教育資金として

自宅または
自宅の購入資金

自宅購入資金として　結婚・子育て資金として

金銭の贈与契約書の場合、
収入印紙の貼付は不要です。

贈与契約書

　贈与者である冬平勇（以下、「甲」という。）と、受贈者である冬平浩一（以下、「乙」という。）との間で、次のとおり贈与契約を締結した。

第1条　甲は、本日付で、現金200万円を乙に贈与するものとし、乙はこれを受諾した。

第2条　甲は、乙に対し、第1条に基づいて贈与した現金を、令和　6年　3月31日までに乙が指定する口座に振り込むものとする。なお、振込手数料は甲の負担とする。

　上記契約の成立を証するため、本書1通を作成し、署名捺印のうえ原本を乙が、写しを甲がそれぞれ保有する。

令和　6年　3月　8日

（甲）
　住　　所　　東京都豊島区目白六丁目31番17号

　氏　　名　　冬平　　勇

（乙）
　住　　所　　東京都練馬区旭丘三丁目7番20号

　氏　　名　　冬平　　浩一

05 生命保険の活用を検討しましょう

生命保険が一番役に立つのは相続のとき。
生命保険にはこんなメリットがあります。

円滑な遺産分割や相続税の軽減対策に、生命保険の活用は欠かせません。生命保険には、主に以下の３つのメリットがあります。

メリット1　相続人には「500万円×法定相続人の数」の非課税枠がある

夫が亡くなり、妻と子ども２人の計３人が相続人なら、預金1,500万円を相続すると、その全額が相続税の対象になりますが、相続人が死亡保険金として受け取れば非課税になり、相続税はかかりません。

■ 死亡保険金の非課税枠　一覧表

法定相続人の数	非課税枠
１人	500万円
２人	1,000万円
３人	1,500万円
４人	2,000万円
５人	2,500万円

メリット2　相続後すぐに「現金」が手に入る

金融機関は預金者が亡くなったことを知ると、すぐに口座を凍結します。口座のお金を引き出すには、遺言書か遺産分割協議書、さらに相続人全員の署名と実印の押印を所定の用紙に求められ、時間がかかります。相続法が改正され預貯金の払戻し制度が新設されましたが、無条件で払い戻せる金額には上限があります。　預貯金の払戻し制度　P52

生命保険なら受取人が単独で保険会社に請求を行えばよく、通常５営

業日程度で保険金が指定した口座に振り込まれます。保険金は葬式費用にも充てられ、残された家族は当面のお金に困らなくて済みます。

メリット3　故人の遺産ではなく受取人の財産である

　メリット１の非課税枠を超える死亡保険金は、**みなし相続財産**として相続税の対象になります。しかし、あくまで税金の計算上そう「みなしている」だけであり、法律上、保険金は故人の遺産ではなく**受取人自身の財産**なので、**故人の遺産を相続したことにはなりません**。遺産分割の対象にもならず、残したい人に多く財産を残せます。また、相続放棄をしても受け取れますし、受取人を長男のお嫁さんなどの相続人以外の人にすることで、介護の労に報いることもできます。

■ 保険金を代償分割の代償金として使う方法

　自宅が遺産の大半を占めているなど、法定相続分どおりの遺産分割が難しそうな場合、死亡保険金を代償金として活用する方法があります。
　例えば、父が生前に契約者となり保険に入り、保険金の受取人を同居している長男にしておきます。そうすれば、父の相続時には長男が単独で自宅を相続しても、受け取った保険金から現金を長女に渡すことにより、父の遺産分割を円満に行えます。

代償分割　P141

　同じ事案で、保険金の受取人を長女にしていると、法律上は、保険金を受け取っても長女は父の遺産を相続したことにはならないため、長女は保険金とは別に、法定相続分どおりの相続の権利も主張できる形になりますので注意しましょう。

保険は入り方によって課される税が変わります

　死亡保険金には必ず相続税がかかるというわけではありません。例え
ば、父が死亡し長男が保険金を受け取る場合にどんな種類の税金がかか
るかは、受取人である長男から見て保険料を払う「契約者」が誰なのか
がポイントになります。どの入り方がよいかは、生命保険会社の方に頼
めばシミュレーションしてくれますので、比較・検討してみましょう。

■ 父が死亡したとき、長男にかかる税金の種類

契約者 （保険料を払った人）	被保険者 （保険の対象と なっている人）	受取人 （保険金をもらう人）	税金の種類
父	父	長男	（1）相続税
長男	父	長男	（2）所得税
母	父	長男	（3）贈与税

（1）相続税がかかる場合

　契約者＝被保険者のとき（父が自分自身に保険をかけていたとき）、
長男が受け取る保険金には相続税がかかります。そのうち、500万円×
法定相続人の数までの保険金は非課税になります。

（2）所得税がかかる場合

　契約者＝受取人のとき（長男が保険料を払い父に保険をかけていたと
き）、長男が受け取る保険金には所得税がかかります。保険金から生前
に払った保険料と50万円を引き、残りを2分の1した金額に所得税がか
かります。例えば、生前に父が長男へ現金を贈与し、それを長男が保険
料に充てれば相続税が軽減できます。

（3）贈与税がかかる場合

　契約者、被保険者、受取人がすべて違うときには贈与税がかかります。
税負担が重くなる可能性が高いので、保険の見直しが必要です。

06 自宅を売るときの税金について知っておきましょう

● 該当する方に必要な手続 ●

亡くなった方の自宅をいつ処分するかで
売るときにかかる税金の額が大きく変わります。

不動産を売ったときの儲けのことを**譲渡所得**といい、**所得税と住民税**がかかります。そして、マイホームや相続した財産を売ったときには、税金の負担が軽くなるよう、様々な税の軽減措置が設けられています。

譲渡所得とは不動産の値上がり益のこと

譲渡所得とは、売った値段（収入金額）から買った値段（取得費）と売るときの諸経費（譲渡費用）を差し引いた「儲け」のことです。取得費がわからない場合は、売った値段の５％を取得費として譲渡所得を計算できます。所得税と住民税は、この譲渡所得に税率をかけて計算します。

税率は、不動産の所有期間に応じて異なり、売った年の１月１日時点で所有期間が５年超なら所得税と住民税で**計20%**、５年以下なら**計39%**です（2037年までは復興特別所得税2.1％もかかる）。ただし、相続した不動産の所有期間は、相続時からではなく故人がその財産を取得した日から数えます。間違えやすいので気をつけましょう。

収入金額4,000万円 − （取得費200万円 ＋ 譲渡費用150万円）＝譲渡所得3,650万円

譲渡所得3,650万円×税率（５年超）20％＝所得税・住民税730万円

居住用財産を譲渡した場合の3,000万円特別控除

マイホームを売った場合には、譲渡所得から最高**3,000万円**を差し引けます。ただし、

・居住中、または、住まなくなった日から３年目の年末までに売ること

・住民票があっても実際に住んでいない家、別荘などは対象外

250

・配偶者、直系血族（両親や子、孫など）、生計を一にしていた親族に
　売った場合は対象外

など、他にも細かな要件がありますので、事前に税務署や税理士などの
専門家に確認しましょう。

> 譲渡所得3,650万円－特別控除額3,000万円＝650万円
> 650万円×税率（長期）20％＝所得税・住民税130万円

居住用財産の軽減税率

　所有期間が10年を超えるマイホームを売った場合は、通常より低い税
率を適用できます。居住用財産の3,000万円控除後の所得が6,000万円以
下なら税率は**計14%**です。6,000万円を超えた部分は原則どおり計20％
で課税されます。

相続した空き家を譲渡した場合の3,000万円特別控除 （令和9年末まで）

　一人暮らしだった故人のマイホームを相続後に売った場合は、譲渡所
得から最高3,000万円を差し引けます。ただし、居住用財産の3,000万円
控除よりも細かな要件が数多くあり、適用できるケースは限られます。
・相続後、3年目の年末までに売ること
・売った値段が1億円以下であること
・昭和56年5月31日以前に建築された一戸建てであること
・売却前に、建物の耐震リフォームか取壊しを行うこと。または、売却
　の翌年2月15日までに、耐震リフォームか取壊しを行うこと

相続財産を譲渡した場合の取得費の特例 （相続空き家の3,000万円控除と選択）

　相続した財産を、相続税の申告期限から3年以内（相続から3年10か
月以内）に売った場合には、払った相続税の一部を譲渡所得の計算上取
得費（経費）に加算できるので、所得税や住民税の負担が軽くなります。

251

■ **各自治体のウェブサイト**（アドレスは自治体により異なります）

　市区町村役場で行う各種手続の説明や方法、窓口案内、市区町村役場の所在地など、市区町村役場で行う手続についての様々な情報を確認できます。国民健康保険や後期高齢者医療などの窓口も市区町村役場です。自治体によりますが、届出書や申請書の書式などをダウンロードできるところもあります。

■ **各金融機関のウェブサイト**（アドレスは金融機関により異なります）

　金融機関で行う各種手続の説明や方法、金融機関各支店（窓口）の所在地など、金融機関についての様々な情報が確認できます。相続手続の具体的な流れや窓口を確認できるところも増えてきています。

■ **日本年金機構**　　　　https://www.nenkin.go.jp/

　各種年金の仕組みや遺族年金などの受給要件、各種手続、申請や届出様式の案内、全国の年金事務所の所在地など、年金に関する様々な情報を確認できます。請求書などの書式のダウンロードも可能です。

■ **法務省**　　　　　　　https://www.moj.go.jp/

　民法など法改正についての最新情報や詳細、戸籍等に関する情報など、法律に関する様々な情報を確認できます。

　　＊法務局における自筆証書遺言書保管制度について

　　　https://www.moj.go.jp/MINJI/minji03_00051.html

　　＊相続登記の申請義務化に関するQ＆A

　　　https://www.moj.go.jp/MINJI/minji05_00565.html

　　＊相続土地国庫帰属制度について

　　　https://www.moj.go.jp/MINJI/minji05_00454.html

■ 法務局　　　　　　　　https://houmukyoku.moj.go.jp/

全国の法務局の所在地・連絡先、登記申請書や添付書類の作成方法、必要書類の案内、不動産の管轄など、登記手続に関する様々な情報を確認できます。登記申請書などの書式のダウンロードも可能です。

＊法定相続情報証明制度の具体的な手続について

https://houmukyoku.moj.go.jp/homu/page7_000014.html

■ 国税庁　　　　　　　　https://www.nta.go.jp/

相続税や贈与税などの仕組みや申告書などの作成方法、必要書類の案内、全国の税務署の所在地など、国に納める税金に関する様々な情報を確認できます。申告書などの書式のダウンロードも可能です。

＊相続税

https://www.nta.go.jp/taxes/tetsuzuki/shinsei/shinkoku/sozoku/sozoku.htm

■ 裁判所　　　　　　　　https://www.courts.go.jp/

裁判所における各種手続の説明や窓口案内、申立書や申述書の書き方、必要書類の案内など、裁判所で行う手続に関する様々な情報が確認できます。申立書などの書式のダウンロードも可能です。

■ 日本公証人連合会　　　https://www.koshonin.gr.jp/

公正証書遺言などの公証役場における各種手続の説明や全国の公証役場の所在地など、公証役場で行う手続に関する様々な情報が確認できます。

■ 登記情報提供サービス　　https://www1.touki.or.jp/

不動産や会社・法人の登記情報などを、インターネットを利用してパソコンなどの画面上で確認できるサービスです。

用語索引
目次と併せてお使い下さい。

著者紹介 ● PROFILE

著 者

● 児島 明日美 （こじま あすみ）

司法書士。東京司法書士会所属。簡裁訴訟代理等関係業務認定取得。公益社団法人成年後見センター・リーガルサポート東京支部所属。2010年に独立開業。相続・遺言・成年後見等の業務を中心に「老活」サポートに力を入れている。

著書に、『自分でできる相続登記』（自由国民社）、共著に『はじめての相続・贈与の生前対策』（清文社）、『今日から成年後見人になりました』（自由国民社）、監修書に『自分でできる不動産登記』（自由国民社）がある。

　　　　　　　　　　　　※司法書士児島明日美事務所　http://www.asumi-office.com/

● 福田 真弓 （ふくだ まゆみ）

税理士・ファイナンシャルプランナー。2003年税理士登録。税理士法人タクトコンサルティング、野村證券プライベート・バンキング部等に勤務後、2008年に独立。相続対策の提案・実行支援のほか、講演、執筆、取材、メディア出演等を通じた情報発信を行う。

著書に『自分でできる相続税申告』（自由国民社）、『必ずもめる相続の話』『必ずもめる相続税の話』（以上2冊、東洋経済新報社）の他、共著や監修書がある。筑波大学大学院にてカウンセリングを専攻し、相続を通じた家族心理を研究。

　　　　　　　　※福田真弓相続カウンセリングオフィス　https://www.mayumi-tax.com

● 酒井 明日子 （さかい あすこ）

社会保険労務士。東京都社会保険労務士会所属。大手不動産会社、人事労務関連のコンサルティング会社勤務を経て、2010年独立。労務に関する各種手続・申請や、就業規則の作成、労務相談・管理など、多くの企業のサポートを行う。社会保険労務士試験受験生向けのブログ『集まれ！社労士受験生！　さくらとひまわりのお花見日和』は15年以上にわたり、現在も毎日更新中。

共著に『最新 企業実務に即したモデル社内規程と運用ポイント』（労働新聞社）がある。

　　　　　　　　　　※ひまわり社会保険労務士法人　https://himawari-sr.info

監修・執筆協力

● 児島 充 （こじま みつる）［監修・執筆協力］

司法書士。神奈川県司法書士会所属。簡裁訴訟代理等関係業務認定取得。

　　　　　　　　　　※K＆S司法書士事務所　https://www.ks-legal.com/

● 藤江 明子 （ふじえ あきこ）［執筆協力］

司法書士。山梨県司法書士会所属。簡裁訴訟代理等関係業務認定取得。

　　　　　　　　　　　　　　　　　　※藤江司法書士事務所

身近な人が亡くなった後の手続のすべて

2014年12月1日　初版　　第1刷発行
2024年6月3日　改訂版　第1刷発行

著　　　者	児　島　明日美 福　田　真　弓 酒　井　明日子
発　行　者	石　井　　悟
印　刷　所	横山印刷株式会社
製　本　所	加藤製本株式会社
本文DTP	有限会社 中央制作社
校　　　正	株式会社オフィスバンズ

発　行　所　株式会社 自由国民社

〒171-0033　東京都豊島区高田3-10-11
URL https://www.jiyu.co.jp/
TEL（営業部）03-6233-0781　（編集部）03-6233-0786